U0827624

顺义区青年创业政策汇编

共青团北京市顺义区委员会　编

北京科学技术出版社

图书在版编目（CIP）数据

顺义区青年创业政策汇编/共青团北京市顺义区委员会编. —北京：北京科学技术出版社，2016.10

ISBN 978－7－5304－8662－7

Ⅰ.①顺…　Ⅱ.①共…　Ⅲ.①就业政策－汇编－顺义区　Ⅳ.①F249.271.3

中国版本图书馆CIP数据核字（2016）第233705号

顺义区青年创业政策汇编

作　　者：共青团北京市顺义区委员会
责任编辑：周　珊
责任印制：李　茗
封面设计：芒　果
出 版 人：曾庆宇
出版发行：北京科学技术出版社
社　　址：北京西直门南大街16号
邮政编码：100035
电话传真：0086-10-66135495（总编室）
0086-10-66113227（发行部）
0086-10-66161952（发行部传真）
电子信箱：bjkj@bjkjpress.com
网　　址：www.bkydw.cn
经　　销：新华书店
印　　刷：三河市国新印装有限公司
开　　本：787mm×1092mm　1/16
字　　数：324千字
印　　张：11.5
版　　次：2016年10月第1版
印　　次：2016年10月第1次印刷
ISBN 978－7－5304－8662－7/F·260

定　　价：82.00元

汇编说明

共青团北京市顺义区委员会按照国家“大众创业、万众创新”的战略部署，紧紧围绕顺义区“把握发展的阶段性特征、推动经济社会转型升级”的工作总要求，在顺义区委、区政府和团市委的领导下，进一步落实顺义区创业摇篮计划，逐步完善青年创业创新各项服务平台，充分营造顺义区青年创业创新氛围，有力地推进了青年创业创新各项相关工作。

顺义区委、区政府高度重视创业创新工作，出台了一系列有利于大众创业、万众创新的政策办法。为了方便创业青年更好地学习和了解顺义区对创业创新的相关扶持政策，获取政府的支持，团区委决定整合政策信息资源，编撰《顺义区青年创业政策汇编》一书。自2015年11月以来，团区委向全区相关单位发出征集函，共收集25份政府出台的相关政策文件。随着顺义区创业环境的不断优化，青年创业热情高涨，逐渐成为创业的主力军。本汇编以服务青年创业为宗旨，同时提高顺义区创业扶持政策的社会知晓度和政策执行率，吸引外来创业者和创业项目，从而达到更好地服务顺义区经济转型升级的目标。

目　录

北京市顺义区人民政府
关于印发《顺义区创业摇篮计划实施方案》的通知

顺政发〔2015〕26号

各镇人民政府，地区和街道办事处，区政府各委、办、局，各区属机构：

《顺义区创业摇篮计划实施方案》已经2015年7月12日第18次区委常委会议和2015年7月1日第16次区政府常务会议讨论通过，现印发给你们，请结合各自实际，认真贯彻落实。

北京市顺义区人民政府

二〇一五年七月二十四日

顺义区创业摇篮计划实施方案

为适应和引领经济发展新常态，加快实施创新驱动发展战略，建立健全政府鼓励创新创业、社会支持创新创业、百姓勇于创新创业的新机制，结合我区实际，制定本方案。

一、指导思想

按照党中央、市委和市政府的决策部署，以营造良好创新创业生态环境为目标，以激发创新创业活力为主线，有效整合资源，集成落实政策，完善服务模式，培育创新文化，加快形成大众创业、万众创新的良好局面。

二、工作目标

到“十三五”末，形成一批有效满足大众创新创业需求、具有较强专业化服务能力的新型创业服务平台；孵化培育一批创新型小微企业，并从中成长出能够引领未来经济发展的骨干企业，形成新的产业业态和经济增长点；创业群体高度活跃，以创业促进就业，提供更多高质量就业岗位；创业政策体系更加健全，服务体系更加完善，全社会创业文化氛围更加浓厚。

三、重点任务

（一）聚集创业人才

1. 着力引进外部高端人才：重点吸引千人计划、特支计划、海聚工程、高聚工程、雏鹰人才等具有国内外优质资源的人才带项目入区创业。

2. 着力培育企业创业人才：支持企业中的管理人员和技术人员利用自身资源优势在我区进行创业。

3. 着力激发社会其他创业人才创业：鼓励具有本科以上学历或同等知识水平、拥有成熟创业计划、所创项目能有效对接市场的人才入区创业。（主责单位：区委组织部、区人力社保局；配合单位：区经济信息化委、区科委、区总部企业高管服务中心）

（二）聚焦创业领域

紧紧围绕我区在三大产业结构中的主导产业激发创业热潮，其中：第三产业重点聚焦“航空服务、特色金融、文化创意、电子商务、旅游休闲”等创业领域；第二产业重点聚焦“汽车与交通设备、电子信息、装备、基础与新材料产业、生物医药”等创业领域；第一产业重点聚焦“都市型农业、创意生态农业、农产品精深加工”等创业领域。同时，要鼓励“下一代互联网、移动互联网、3D打印、软件信息、新能源、工业设计”等创业项目入区发展。（主责单位：区经济信息化委；配合单位：区发展改革委、区农委、区科委、区商务委、区金融办、区投资促进局）

（三）培育创业载体

各经济功能区要发挥资源优势和引领作用，成为创业基地的载体支撑；支持区属国有企业和集体企业结合自身优势发展特色创业基地；支持入区企业、社会资本利用我区存量资源，投资建设创业基地；支持有条件的镇级二、三产业基地盘活本地资源，打造具有地方优势的创业载体。培育创业载体多样化，推进育种器（选苗育种期）、孵化器（孵化培养期）、加速器（成长加速期）、转化器（成果转化和产业化期）等竞相发展。（主责单位：区经济信息化委；配合单位：区国资委、各经济功能区管委会、相关镇政府）

（四）落实创业政策

围绕“创业人才、创业基地、创业服务机构、创业环境”四大领域，制定《顺义区创业摇篮计划支持政策实施细则（试行）》，对创业过程给予政策覆盖。要统筹落实已颁布实施的本区促进金融产业发展、中小企业发展、文化创意产业发展、人才发展、推动企业上市、商标战略等政策，支持创新创业发展。（主责单位：区经济信息化委；配合单位：区委组织部、区科委、区文化委、区金融办、市工商局顺义分局）

（五）完善创业金融体系

着力吸引各类金融机构助力创业发展，鼓励风险投资、创业投资、天使投资等投资我区创业项目。探索设立顺义区创业投资引导基金，发挥财政资金的杠杆效应，引导社会资本进入创业投资领域。鼓励经济功能区和有条件的创业基地建立创业孵化基金、种子基金等，助力初创期企业发展。鼓励创业企业股改和上市，对于完成股改或上市挂牌的创业项目，符合条件的可享受本区金融资金扶持。统筹区属国资中心、担保公司、创投公司和三新基金的投资功能，提高对创业企业的投资供给。（主责单位：区金融办；配合单位：区经济信息化委、区科委、各经济功能区管委会、相关镇政府）

（六）优化创业环境

1. 支持创业基地和创业服务机构建设低成本、便利化、全要素、开放式的创业平台，服务于创业活动。

鼓励建设科技创新平台，对创业活动中的技术中心和专业实验室共享、技术交易合作以及知识产权代理等提供专业服务；鼓励建设产业促进平台，立足区内外现有产业资源，建立对接数据库，促使创业企业的毕业转化、产品采购、资源供给在产业上下游深度融合；鼓励建设综合服务平台，打造一批集中办公区，聚集专业服务机构通过线上、线下等方式为创业活动开展代理、代办、咨询、认证、辅导等公共服务；鼓励建设合作交流平台，组建多产业跨界的产业联盟，积极营造创新创业文化，通过举办各种大赛、论坛、路演等活动，形成浓厚的创业氛围。（主责单位：区经济信息化委；配合单位：区商务委、区科委、区政府外办、区投资促进局、市工商局顺义分局、区国税局、区地税局、区投资服务中心、区工商联）

2. 完善相关配套，营造舒适、便捷、高效的创业外部环境。

完善载体配套：全面梳理全区闲置楼宇厂房资源，建立大数据台账，为创业活动提供低成本载体。

完善生活配套：优化地铁 15 号线、机场快轨的公交接驳网络，使交通出行更加便捷顺畅；为创业人才在社保、子女入学、医疗等方面提供便利条件。

完善政务配套：建立创业审批绿色通道，探索“一址多照”运营模式，简化住所登记手续，采取一站式窗口、网上申报、多证联办等措施为工商注册提供便利。（主责单位：区经济信息化委；配合单位：区发展改革委、区教委、区市政市容管委、区卫生计生委、区交通局、市工商局顺义分局、区国税局、区地税局）

四、保障措施

（一）加强组织领导

成立顺义区创业摇篮计划领导小组（以下简称领导小组），负责组织领导、统筹协调创业摇篮计划有关工作。领导小组组长由区政府主管产业的副区长担任，副组长由区经济信息化委主任和区科委主任担任，成员单位包括区委组织部、区团委、区发展改革委、区国资委、区农委、区住房城乡建设委、区市政市容委、区教委、区卫生计生委、区文化委、区商务委、区金融办、区政府外办、区财政局、区环保局、区人力社保局、区交通局、区食品药品监管局、区投资促进局、区国税局、区地税局、市国土局顺义分局、市规划委顺义分局、市工商局顺义分局、区投资服务中心、空港建设管理服务中心、区总部企业高管服务中心、区工商联、临空经济核心区管委会、科技创新产业功能区管委会、绿色生态产业功能区管委会等单位。

领导小组下设顺义区创业服务中心，服务中心主任由区经济信息化委主任兼任，具体负责创业摇篮计划的组织实施。顺义区创业服务中心与区经济信息化委中小企业服务中心合署办公，由政府引导，市场化运作，建立统一的创业服务大平台，鼓励由专业机构、协会、联盟高度参与，以政府购买服务作为补充，具体负责创业活动的平台建设、项目申报、服务协调和组织实施等工作。

（二）加强资金引导

设立顺义区创业摇篮计划专项资金，支持入区发展的创业人才、创业基地、创业服务机构和创业环境建设。

（三）加强申报管理

资金申报由顺义区创业服务中心负责受理并组织实施。注重项目统筹安排，实施“统一申报平台、统一审批权限、统一管理流程、统一审计监督”的统一管理机制，进一步完善和规范申报程序。

（四）加强考核评价

建立创业摇篮计划指标体系，引入第三方评估机构，每年对创业活动成果、支持政策进行评估评价，确保各项扶持政策的落地与成效。每年根据评估评价结果，结合发展形势，及时对相关政策、措施进行相应调整。

（五）加强协调推进

区经济信息化委要牵头建立沟通机制，加强与相关部门的工作协调，完善对创业人才、创业基地和创业服务机构的指导服务，推动创业摇篮计划各项政策在实施过程中得到落实。各属地、经济功能区要做好创业摇篮计划相关政策的宣传落实工作。

北京市顺义区人民政府办公室关于印发《顺义区创业摇篮计划支持政策实施细则（试行）》的通知

顺政办发〔2015〕21号

各镇人民政府，地区和街道办事处，区政府各委、办、局，各区属机构：

《顺义区创业摇篮计划支持政策实施细则（试行）》已经2015年7月12日第18次区委常委会议和2015年7月1日第16次区政府常务会议讨论通过，现印发给你们，请结合各自实际，认真贯彻落实。

北京市顺义区人民政府办公室

二〇一五年七月二十四日

顺义区创业摇篮计划支持政策实施细则（试行）

第一章　总　则

第一条　为贯彻落实《顺义区创业摇篮计划实施方案》，强化创业氛围，促进创业活动，提升创业服务能力，营造良好的创业环境，助力区域经济社会发展，结合我区实际，制定本细则。

第二条　本细则主要围绕创业活动中的创业人才发展、创业基地建设、创业服务机构吸引、创业环境优化四大领域予以扶持，着力打造良好的创新创业生态。

第三条　本细则涉及的支持资金从顺义区创业摇篮计划专项资金中予以安排。

第四条　本细则在顺义区创业摇篮计划领导小组（以下简称领导小组）指导下，由区经济信息化委负责统筹，顺义区创业服务中心具体实施。

第二章　创业人才认定及支持政策

第五条　本细则所称创业人才是指经领导小组认定，符合《顺义区创业摇篮计划实施方案》中确定的3种创业人才类型，具有科技性、创新性和成长性的创始人或创业团队（认定标准及流程见附件1）。

第六条　对创业人才的政策支持。

1. 启动期资金支持。上述创业人才在本区创办企业，经天使投资机构、创业投资机构、风险投资机构等其中两家推荐，经本细则相关评审程序认定，符合条件的，给予人才所在创业企业启动期资金支持。其中，第一类“高端创业人才”给予30万元，第二类“企业创业人才”给予10万元，第三类“其他创业人才”支持资金为3万元，折算为政府购买服务，由创业基地或服务机构为其提供代办、代理、咨询、辅导、培训等免费的创业服务。

2. 发展期资金支持。创业人才在本区注册创业企业满1年，按照所取得的科技创新成就、产业化效果、区级贡献和品牌价值等综合评价，经本细则相关评审程序认定，符合条件的，给予创业企业年度发展资金支持。其中，第一类“高端创业人才”最高给予50万元，第二类“企业创业人才”最高给予30万元，第三类“其他创业人才”最高给予10万元。

3. 设立服务绿色通道，对创业人才在社保、子女入学、医疗等方面的需求给予优先支持。

4. 对属于国家重点扶持的高新技术企业、领军人才和创新团队，或发展速度快、成长性好、品牌价值高、区级贡献突出的创业项目，根据项目发展需要，可按照“一企一策”原则，经领导小组提请区政府研究同意后给予特殊政策支持。

第三章　创业基地认定及支持政策

第七条　本细则所称创业基地是指经领导小组认定，为创业提供孵育发展空间和服务的场所，包括各类孵化器、加速器、创业中心、创新工场、创客组织等（认定标准及流程见附件2）。

第八条　对创业基地的支持政策。

1. 建设类项目资金支持。对创业基地为开展创业活动所完成的楼宇建设、装饰、基础设施建设或改造项目，按项目实际投资额的50%给予一次性资金支持，累计最高不超过200万元。

2. 平台类项目资金支持。对创业基地为创业企业提供低成本研发办公空间，建设科技创新平台、产业促进平台、综合服务平台、合作交流平台等提供低成本公共服务的，根据实际资金投入、减免收费额度、服务企业数量、创业企业效果评价等要素，对创业基地给予资金支持，每年累计最高不超过200万元。

3. 活动类项目资金支持。对创业基地为创业活动开展投融资对接、项目路演、论坛大赛、人才引进、代理咨询、辅导培训等专业服务，根据实际资金投入、减免收费额度、服务企业数量、创业企业效果评价等要素，对创业基地给予资金支持，每年累计最高不超过100万元。

4. 对于落户本区，具有国内外重大影响力、承担国家和北京市重要课题或国际重要科技、重点产业引领和重大研究的创业基地，按一事一议的原则，经领导小组提请区政府研究同意后给予特殊政策支持。

第四章　创业服务机构认定及支持政策

第九条　本细则所称创业服务机构是指经顺义区创业摇篮计划领导小组认定，具有对创业项目发现、筛选、孵化、投资、代理、辅导等服务（物业服务除外）的专业化机构（认定标准及流程见附件3）。

第十条　对创业服务机构的支持政策。

对创业服务机构通过线上、线下等方式为创业活动提供代理、代办、咨询、认证、辅导等费用减免的公共服务，根据服务企业数量和效果评价，对其减免费用给予资金补贴，单个服务机构年度累计最高补贴金额不超过50万元。

第五章　申报与受理

第十一条　上述支持政策可与国家、北京市、中关村相关政策同时享受，若与本区其他相关支持政策在内容上相同，则不能重复享受，可选择享受最高额度支持政策。

第十二条　申报主体须在本区办理工商注册和税务登记（创业服务机构申报不受此条件限制）。

第十三条　本细则对创业人才、创业基地、创业服务机构的认定工作，以及创业专项资金的申报、评审和拨付工作，均由领导小组指导，区经济信息化委按阶段组织相关评审并具体实施

（项目受理与评审的程序见附件4）。

第十四条 评审单位要严格执行评审条件要求，客观公正评价项目单位和项目实施内容，任何单位和个人不得干涉评审活动。

第六章 监督与管理

第十五条 申报主体应积极推动所扶持项目实施，并根据主管部门要求报送项目执行情况和资金使用情况。

第十六条 专项资金必须专款专用。申报主体要配合区发展改革委、区经济信息化委、区财政局、区审计局等部门对资金使用情况进行监督和检查。项目主管部门根据不同项目属性，构建不同的项目绩效考核指标体系，加强项目考核。

第十七条 拨付专项资金时须签订支持资金使用协议。对于项目考核不合格，特别是提供虚假材料、骗取财政资金或未按规定使用专项资金的，相关部门有权收回政府支持资金，并根据国家相关法律法规进行处理，同时纳入“黑名单”管理，以后不再予以政府财政资金支持。

第七章 附 则

第十八条 本细则自2015年9月1日起施行，试行两年。

附件：1. 顺义区创业摇篮计划创业人才资格及认定

2. 顺义区创业摇篮计划创业基地资格及认定

3. 顺义区创业摇篮计划创业服务机构资格认定及服务确认

4. 顺义区创业摇篮计划支持资金申报及审批程序

附件1：

顺义区创业摇篮计划创业人才资格及认定

一、资格条件

（一）人才条件

1. 高端创业人才：指千人计划、特支计划、海聚工程、高聚工程、雏鹰人才等人才项目认定的人才（以认定证书或公示结果为准）。

2. 企业创业人才：在企业担任部门经理或技术总监以上职位，或在高校、科研院所担任中层以上职务，或具有国家认定的高级职称，或连续5年个人所得税纳税额超过5万元的人才。

3. 社会其他创业人才：具有大学本科以上学历或同等知识水平，拥有成熟创业计划，所创项目能有效对接市场的人才。

（二）创业企业条件

1. 企业设立日期在2015年1月1日之后，在本区办理工商注册并纳税。

2. 政策所涉及的人才占有该创业企业20%以上的股权，是创业企业的核心发起人或重要合作伙伴。

3. 主营业务符合本区产业发展方向，符合环保和节能减排标准，具备成熟的项目计划书，项目无知识产权纠纷的企业。

二、资料清单

1. 《顺义区创业人才项目申请表》。

2. 《顺义区创业人才项目计划书》。

3. 创业企业营业执照、企业章程复印件。

4. 对于经营满1年的创业企业，需提交反映近1年经营情况的财务报表及纳税凭证。

5. 高端创业人才提供认证证书或者公示证明；企业创业人才提供本单位任职证明、高级职称证书、纳税证明；社会其他创业人员提供相关证明文件。

6. 说明项目技术情况的证明文件及参考资料。

三、认定流程

提出申请

申请主体向属地镇政府或经济功能区管委会提出申请，镇政府或经济功能区管委会同意后出具《创业人才认定同意书》并加盖公章

↓

材料递交

申请主体将上述材料和《创业人才认定同意书》递交给顺义区创业服务中心

↓

初评

顺义区创业服务中心组织第三方评价机构进行初评，经区经济信息化委同意后加盖公章报顺义区创业摇篮计划领导小组终评

↓

终评

顺义区创业摇篮计划领导小组讨论通过后予以认定，颁发《顺义区创业人才认定同意书》

附件2：

顺义区创业摇篮计划创业基地资格及认定

一、资格条件

1. 运营主体具有独立的法人资格、完善的内部管理制度和财务制度，运营时间应在半年以上。

2. 拥有1000平方米以上创业场地并有一定面积的共享区间和公共服务设施，立项手续完备，符合本区发展规划，具有明确的产业定位。

3. 创业项目符合本区产业发展方向，在本创业基地注册且数量不少于20家，当年新入驻初创企业占全部创业企业数量之比不低于30%，年度毕业企业数占全部创业企业总数的10%以上。

4. 具备集聚科技资源的能力，具有稳定的创业服务团队，能提供专业化创业服务。

二、资料清单

1. 《顺义区创业基地项目申请表》。
2. 创业基地实施方案、内部管理制度、财务制度。
3. 创业基地相关权属证明。
4. 运营主体和入驻创业企业营业执照复印件。
5. 创业服务团队介绍及相关资料文件。
6. 属地镇政府或经济功能区管委会同意书。

三、认定流程

提出申请

申请主体向属地镇政府或经济功能区管委会提出申请，镇政府或经济功能区管委会同意后出具《创业基地认定同意书》并加盖公章

↓

材料递交

申请主体将上述材料和《创业基地认定同意书》递交给顺义区创业服务中心

↓

初评

顺义区创业服务中心组织第三方评价机构进行初评，经区经济信息化委同意后加盖公章，报顺义区创业摇篮计划领导小组终评

↓

终评

顺义区创业摇篮计划领导小组讨论通过后予以认定，颁发《顺义区创业基地认定同意书》

附件3：

顺义区创业摇篮计划创业服务机构资格认定及服务确认

一、资格认定

1. 具有对创业项目发现、筛选、孵化、投资、代理、咨询、培训、人才及其他服务。
2. 能聚集社会化服务资源，并具有独立的法人资格、完善的内部管理制度和财务制度。
3. 具有专职服务人员，80%以上人员有大学本科以上学历。
4. 机构成立满1年，实际开展创业服务满1年。

二、资料清单

1. 《创业服务机构项目申请表》。
2. 创业服务机构服务内容概况。
3. 创业服务机构自身和被服务创业企业营业执照复印件。
4. 创业服务机构与被服务企业签订的《服务协议书》。
5. 创业服务机构与创业基地签订的《合作协议书》。

三、确认流程

提出申请

申请主体向属地镇政府或经济功能区管委会提出申请，镇政府或经济功能区管委会同意后出具《创业服务机构认定同意书》并加盖公章

↓

材料递交

申请主体将上述材料和《创业服务机构认定同意书》递交给顺义区创业服务中心

↓

初评

顺义区创业服务中心组织第三方评价机构进行初评，经区经济信息化委同意后加盖公章，报顺义区创业摇篮计划领导小组终评

↓

终评

顺义区创业摇篮计划工作小组讨论通过后予以认定，颁发《创业服务机构认定同意书》

附件4：

顺义区创业摇篮计划支持资金申报及审批程序

一、材料清单

1. 创业人才：附件1所列清单、两家投资机构认定书、科技创新等相关证明文件。

2. 创业基地：附件2所列清单、建设类项目施工合同及发票复印件、平台类项目设备购买合同及发票复印件、活动类项目支出合同及发票复印件、相关减免收费的情况说明。

3. 创业服务机构：附件3所列清单、支出合同及发票复印件、相关减免收费的情况说明。

二、申报程序

1. 网上申报。申报主体符合本细则相关支持条件时即可在区经济信息化委网站或顺义区创业服务中心网站“创业摇篮专项资金管理平台”进行网上申报（http：//www.jxw.bjshy.gov.cn/），并纳入项目库滚动管理。项目属地镇政府、经济功能区管委会和相关职能部门可随时了解进展。

2. 材料递交。申报主体按要求向项目属地镇政府或经济功能区管委会提交相关申报材料，属地镇政府或经济功能区管委会审核同意并加盖公章后报区经济信息化委（顺义区创业服务中心）。

三、评审拨付程序

1. 材料审核每年评审2次，分别为年中评审和年末评审。年中评审为每年的7月1日至31日，所申报项目的实施或获得时间应为申报日期当年的1月1日至当年的6月30日。年末评审为每年的12月1日至31日，所申报项目的实施或获得时间应为申报日期当年的7月1日至当年的12月31日。

2. 区经济信息化委受理申报材料并进行初审。顺义区创业服务中心从认定的第三方评审机构库中抽取一家评审机构进行初审，并出具初审意见。对评审通过的项目，由中心科长、主管领导签字确认，并经区经济信息化委主任办公会讨论通过。顺义区创业服务中心负责对外解释审查环节的相关问题。

3. 顺义区创业摇篮计划领导小组对申报材料进行终审。由组长主持召开申报项目评审会，对初步审核意见进行统一审定，并出具《顺义区创业摇篮专项资金申报项目审定意见》，加盖区经济信息化委公章。

4. 项目公示。审定通过后，由顺义区创业服务中心通过区经济信息化委网站对拟支持的项目进行7天公示。

5. 批准拨付。公示后，予以正式批准。区经济信息化委与获准资金支持的申报主体签订《顺义区创业摇篮专项资金协议书》。顺义区创业服务中心将《顺义区创业摇篮专项资金申报项目审定意见》和《顺义区创业摇篮专项资金协议书》报送区财政局后，区财政局即向申报主体拨付资金。

四、流程图

政策了解

电话咨询或从区经济信息化委网站、顺义区创业服务中心网站等渠道了解创业摇篮计划政策，阅读创业摇篮计划相关文件，并下载相关材料清单

↓

网上申报

申报主体符合本细则相关支持条件时即可在区经济信息化委网站或顺义区创业服务中心网站“创业摇篮专项资金管理平台”进行网上申报

↓

材料递交

申请主体向项目属地镇政府或经济功能区管委会提交申报材料。属地镇政府或经济功能区管委会出具意见并加盖公章后报区经济信息化委（顺义区创业服务中心）

↓

初审

初审时间：每年7月1日至31日、12月1日至31日。初审结果：区经济信息化委出具初评意见

↓

终审

顺义区创业摇篮计划领导小组对初审进行审核，并出具《顺义区创业摇篮专项资金申报项目审定意见》

↓

批准拨付

区经济信息化委与获准资金支持的申请主体签订《顺义区创业摇篮专项资金协议书》。顺义区创业服务中心将《顺义区创业摇篮专项资金申报项目审定意见》和《顺义区创业摇篮专项资金协议书》报送区财政局，区财政局即向申报主体拨付资金

关于印发《北京市中小企业公共服务平台管理暂行办法》的通知

京经信委发〔2012〕24号

各区县中小企业工作主管部门、各有关单位：

为落实《北京市人民政府关于贯彻国务院进一步促进中小企业发展若干意见的实施意见》（京政发〔2011〕17号）精神，促进中小企业公共服务平台建设，特制定《北京市中小企业公共服务平台管理暂行办法》。现予印发，请遵照执行。

附件：北京市中小企业公共服务平台管理暂行办法

二〇一二年三月十四日

北京市中小企业公共服务平台管理暂行办法

第一章　总　则

第一条　为贯彻落实《北京市人民政府关于贯彻国务院进一步促进中小企业发展若干意见的实施意见》（京政发〔2011〕17号）、国家五部委《关于加快推进中小企业服务体系建设的指导意见》（工信部联企业〔2011〕575号）精神，推动北京市中小企业公共服务平台建设，促进中小企业又好又快发展，根据《国家中小企业公共服务示范平台管理暂行办法》（工信部企业〔2010〕240号），结合本市实际，制定本办法。

第二条　北京市中小企业公共服务平台（以下简称“服务平台”）是指经北京市经济和信息化委员会（以下简称“市经济信息化委”）认定，由法人单位建设和运营，为中小企业提供各类公共服务，业绩突出、公信度高、服务面广，对社会服务资源起带动作用的服务机构。

第三条　服务平台为中小企业提供信息、投融资、技术和质量、创业、培训、管理、法律、市场开拓等在内的公共服务。

第四条　服务平台要按照“政府引导、市场化运作，面向产业、服务企业，资源共享、注重实效”的原则运作，努力创新服务模式，提高服务质量，带动社会服务资源。

第五条　市经济信息化委负责服务平台的认定、组织和管理工作。各区县中小企业工作主管部门负责区域性服务平台的推荐工作，并协助市经济信息化委实施管理。

第六条　服务平台的认定遵循公开、公正、公平的原则，原则上每年认定一次。

第二章　服务平台认定条件

第七条　根据服务内容，服务平台分为综合类、专业类两类。综合类服务平台是指具有多种服务功能、满足中小企业多种公共需求的综合性平台。专业类服务平台是指某一方面服务功能突出、主要满足中小企业某一种公共需求的专业性平台。服务平台除应满足一般条件外，还应根据其不同类别满足特定条件。

第八条 根据服务地域或行业范围，服务平台可分为全市性服务平台、区域性服务平台和行业性服务平台。

第九条 符合以下条件的服务机构可以申请认定为服务平台。

（一）依法设立、运营 2 年以上的独立法人单位，资产总额不低于人民币 200 万元，财务收支和信用状况良好，经营规范，具有良好的发展前景和可持续发展能力。

（二）主要面向本市范围内的中小企业或中小企业集聚的区域、行业提供服务，服务的区域或行业对本市经济发展具有一定的影响力。

（三）服务功能完善，公共服务特色突出。从业人数不少于 10 人，其中大专及以上学历和中级及以上技术职称专业人员的比例不低于 60%，有固定的经营服务场所和必要的服务设施、仪器设备等。

（四）服务具有公共性、开放性和资源共享性，对社会服务资源具有带动作用。

（五）年服务中小企业不少于 100 家，近两年服务企业数量稳定增长，用户满意度在 80% 以上，服务业绩突出。

（六）有完善的管理制度、健全的服务流程和服务质量保证措施；有明确的发展规划、年度目标和品牌建设方案；有良好的商业信誉，近两年在运营中无不良记录。

由事业单位、社团法人主办，服务业绩突出、示范带动作用明显的平台，上述条件（一）中资产总额可放宽至不低于人民币 100 万元，（三）中从业人数可放宽至不少于 6 人。

第十条 服务平台除符合本办法第九条的规定外，还应满足以下条件。

（一）综合类服务平台所从事的服务类别不少于本管理办法第三条规定的服务类别中的 3 项。

（二）专业类服务平台要在专业服务领域内有一定的声誉和品牌影响力，从业人员中具有所从事专业领域相关工作经验的人员比例不低于 70%。

第三章 服务平台的申报和认定

第十一条 服务平台的申报遵循公开征集、自愿申报的原则。区域性服务平台由各区县中小企业工作主管部门对申报材料的真实性、完整性进行初审，对所推荐服务平台的运营情况、服务业绩，及其对社会资源的带动性进行测评，填写《北京市中小企业公共服务平台推荐表》（附件 1），并附被推荐服务平台的申报材料，报市经济信息化委。

全市性、行业性服务平台由市经济信息化委直接受理申报。

第十二条 申报服务平台的单位需提交以下材料。

（一）《北京市中小企业公共服务平台申请报告》（附件 2）。

（二）法人证书或营业执照副本、组织机构代码证书复印件。

（三）具有资质的第三方审计机构出具的上一年度服务收支情况的专项审计报告。

（四）主要服务设施、软件或仪器设备清单（附件 3）。

（五）主要管理人员和专业技术人员名单、职称及从业经验情况（附件 4）。

（六）签订服务协议的中小企业名单和服务中小企业成效的评价。

（七）发展规划或年度运营计划。

（八）能够证明符合申报条件的其他材料。

（九）对申报材料的真实性声明（附件 5）。

第十三条 市经济信息化委收到上述材料后，组织专家进行评审。评审结果在市经济信息化委门户网站公示15个工作日。对经评审合格并公示的服务平台，由市经济信息化委认定为“北京市中小企业公共服务平台”。

第十四条 服务平台的申报和评审工作于每年2月1日至3月15日的工作日集中办理。

第四章 服务平台的管理

第十五条 区县中小企业工作主管部门协助市经济信息化委对服务平台实施管理。

第十六条 服务平台应主动开展面向中小企业的公益性服务，及时发布服务信息，自觉接受社会监督。服务平台要积极承担政府部门委托的各项任务，及时向政府部门反馈信息。

第十七条 市经济信息化委对服务平台实行动态管理，每年复核一次。全市性、行业性服务平台应于每年3月15日前将上年度运营总结、服务收支专项审计报告、《北京市中小企业公共服务平台年度运营情况测评表》（附件6）及本年度运营计划报市经济信息化委。区域性服务平台应及时向所在区县中小企业工作主管部门上报上述资料，由所在区县中小企业工作主管部门汇总后于每年3月15日前集中上报市经济信息化委。

市经济信息化委组织对服务平台进行测评，并根据服务平台运营情况和测评结果确定复核结果。对经复核合格的服务平台予以确认，对不合格的发布公告，撤销认定。

第十八条 市经济信息化委不定期组织对服务平台进行现场抽查。如发现弄虚作假，对已经认定的服务平台，除撤销其服务平台称号外，涉及财政资金的按有关规定处理。

第十九条 市经济信息化委对服务业绩突出、社会反映良好、符合要求的服务平台，予以政策支持并推荐申报“国家中小企业公共服务示范平台”，申请国家有关政策支持。

第五章 附 则

第二十条 本办法由市经济信息化委负责解释。

第二十一条 本办法自发布之日起施行。

附件：1. 北京市中小企业公共服务平台推荐表

2. 北京市中小企业公共服务平台认定申请报告

3. 北京市中小企业公共服务平台服务设施、软件、仪器设备清单

4. 北京市中小企业公共服务平台主要从业人员情况表

5. 申报材料真实性声明函

6. 北京市中小企业公共服务平台年度运营情况测评表

附件1：

北京市中小企业公共服务平台

推荐表

平台承担单位名称：____________________

所在区（县）：__________________________

填报日期：________年________月________日

北京市经济和信息化委员会制

对服务业绩抽查核实情况	
抽查方式：	
抽查范围及数量：	
服务质量和满意度	
对区域中小企业发展的影响和作用	
示范性	
区县中小企业主管部门申报意见： （章） 年 月 日	

附件2：

北京市中小企业公共服务平台

认定申请报告

申请单位名称：______________（盖章）

填报日期：______年______月______日

北京市经济和信息化委员会制

申请报告的主要内容

一、《北京市中小企业公共服务平台申请表》。

二、申请单位的基本情况（包括：创立发展沿革、发展目标、目前的基本情况）。

三、服务对象所在区域的行业状况，在区域经济发展中的地位、作用，中小企业发展情况和公共服务需求情况。

四、管理运营情况（包括：主要管理制度、人员激励、能力提升、品牌建设、可持续发展等）。

五、近年来的服务情况（包括：主要服务内容、服务对象、规模、方式、收费等）。

六、主要服务业绩及对区域经济和中小企业健康发展的贡献（包括：自测情况或典型案例）。

七、获得各级政府扶持的情况。

八、下一步发展设想。

北京市中小企业公共服务平台申请表

<table>
<tr><td colspan="4">一、平台基本情况</td></tr>
<tr><td>注册日期：</td><td>单位性质：</td><td colspan="2">法人代表：</td></tr>
<tr><td colspan="3">注册地址：</td><td>邮政编码：</td></tr>
<tr><td>联系人：</td><td>联系电话：</td><td>手机：</td><td>传真：</td></tr>
<tr><td colspan="2">电子邮件：</td><td colspan="2">网址（已建网站的填写）：</td></tr>
<tr><td rowspan="3">注册资本
________万元</td><td>其中：主要投资方名称</td><td>性质</td><td>投资比例/%</td></tr>
<tr><td></td><td></td><td></td></tr>
<tr><td></td><td></td><td></td></tr>
<tr><td rowspan="3">总资产
________万元</td><td colspan="3">其中：服务设施、软件占总资产的　　　%</td></tr>
<tr><td colspan="3">仪器设备：　　　台（套），占总资产的　　　%</td></tr>
<tr><td colspan="3">场地面积：　　平方米，性质：　租用□　　自有□，自有场地占总资产的　　%</td></tr>
<tr><td rowspan="2">从业人数：　　　人</td><td colspan="3">其中：大专及以上学历和中级及以上技术职称的专业人员　　　人</td></tr>
<tr><td colspan="3">（申请专业类平台填写）其中：具有与所从事专业领域相关工作经验的从业人员　　人</td></tr>
</table>

<table>
<tr><td colspan="7">二、平台运营管理（单位：万元）</td></tr>
<tr><td>年度</td><td>营业收入</td><td>其中：服务收入</td><td>利润总额</td><td>上缴税金</td><td>服务中小企业户（次）数</td><td>其中：签订服务协议户数</td></tr>
<tr><td></td><td></td><td></td><td></td><td></td><td></td><td></td></tr>
</table>

<table>
<tr><td colspan="3">三、服务能力及业绩</td></tr>
<tr><td>获得专业服务资质情况</td><td colspan="2"></td></tr>
<tr><td>主要服务产品</td><td>服务规模/（家或人·次$^{-1}$）</td><td>服务收入占年营业收入/%</td></tr>
<tr><td></td><td></td><td></td></tr>
<tr><td></td><td></td><td></td></tr>
<tr><td rowspan="2">合作资源</td><td>签订合作协议的单位</td><td>其他合作单位</td></tr>
<tr><td></td><td></td></tr>
<tr><td>运用信息技术开展服务情况</td><td colspan="2"></td></tr>
<tr><td>获得政府有关部门授予的荣誉证书或证明</td><td colspan="2"></td></tr>
<tr><td colspan="3">四、政府支持情况</td></tr>
<tr><td>得到政府扶持的情况</td><td colspan="2"></td></tr>
</table>

附件3：

北京市中小企业公共服务平台服务设施、软件、仪器设备清单

申报单位(盖章)：　　　　　　　　　　　　　　　　　　　　　　　　单位:万元

序号	项目名称	具体内容	数量	投资金额
合计				

附件4：

北京市中小企业公共服务平台主要从业人员情况表

序号	姓名	岗位	教育情况		专业资质情况		在服务平台工作年限	联系电话
			学历	毕业院校及专业	资格证名称	发证机关		

附件5：

申报材料真实性声明函

本单位知悉并保证所提供的北京市小企业创业基地资金申报资料和相关证明文件的真实性、完整性和准确性，并承担因资料虚假而产生的后果。

申报单位（盖章）：

法定代表人（签字）：

日期：　　　年　　　月　　　日

附件6：

北京市中小企业公共服务平台

年度运营情况测评表

获得服务平台称号的单位名称：__________（盖章）

填报日期：______年______月______日

北京市经济和信息化委员会制

一、平台基本情况			
注册日期：	单位性质：	法人代表：	
注册地址：			邮政编码：
联系人：	联系电话：	手机：	传真：
电子邮件：		网址（已建网站的填写）：	

	其中：主要投资方名称	性质	投资比例%
注册资本________万元			

总资产________万元	其中：服务设施、软件占总资产　　　% 仪器设备　　　台（套），占总资产的　　　%
	场地面积：　　平方米，性质：　　租用□　　自有□，自有场地占总资产的　　　%
从业人数：　　　人	其中：大专及以上学历和中级及以上技术职称的专业人员　　　人

二、上年度运营情况（单位：万元）（附审计机构出具的上一年度服务收支专项审计报告）

营业收入	其中：服务收入	利润总额	上缴税金	服务中小企业户（次）数	其中：签订服务协议户数

三、服务业绩自测情况（附上年度工作总结）

主要服务产品	服务规模/（家或人·次$^{-1}$）	服务收入占年营业收入/%
合作资源	签订合作协议的单位	其他合作单位
（仅填写变化情况）		
对区域中小企业发展的影响及作用（自测情况）	（章） 年　　月　　日	

关于印发《北京市小企业创业基地管理暂行办法》的通知

京经信委发〔2012〕23号

各区县中小企业工作主管部门、各有关单位：

为落实《北京市人民政府关于贯彻国务院进一步促进中小企业发展若干意见的实施意见》（京政发〔2011〕17号）精神，引导、促进小企业创业基地建设，特制定《北京市小企业创业基地管理暂行办法》。现予印发，请遵照执行。

附件：北京市小企业创业基地管理暂行办法

二〇一二年三月十四日

北京市小企业创业基地管理暂行办法

第一章　总　则

第一条　为贯彻落实《北京市人民政府关于贯彻国务院进一步促进中小企业发展若干意见的实施意见》（京政发〔2011〕17号）、国家五部委《关于加快推进中小企业服务体系建设的指导意见》（工信部联企业〔2011〕575号）精神，健全我市小企业社会化服务体系，推进小型、微型企业创业基地建设，改善创业环境，鼓励小型、微型企业集聚发展，特制定本办法。

第二条　北京市小企业创业基地（以下简称“创业基地”）是指经北京市经济和信息化委员会（以下简称“市经济信息化委”）认定，由具备独立法人资格的机构经营管理，为小型、微型企业创业提供孵育空间和服务的场所。创业基地应具有完善的基础设施和配套服务，提供人才、法律、市场、融资、政策、技术、管理、信息、政务代理等创业辅导服务。

第三条　市经济信息化委负责创业基地的认定、组织和管理工作。各区县中小企业工作主管部门负责创业基地的推荐工作，并指导本地区创业基地建设与管理。

第四条　创业基地认定工作遵循公平、公开、公正的原则，原则上每年认定一次。

第五条　对本市有关部门认定的科技孵化基地、文化创意产业聚集区、农民就业基地、大学科技园等相关场所，符合本办法认定条件的，优先认定为创业基地。

第二章　创业基地的条件

第六条　申报创业基地必须同时符合以下条件。

（一）运营主体具有独立法人资格，且注册地在本市，成立时间2年以上，经营和信用状况良好，管理规范，具有滚动孵化小型、微型企业成长的功能。

（二）基地建设立项手续完备，符合本市产业政策和发展规划，具有明确的发展方向、产业定位和完善的管理制度。

（三）基地拥有完整的运营管理团队，管理人员大专以上学历的占50%（含）以上。

（四）基地能够为创业小型、微型企业提供相关创业服务，且企业服务满意度不低于80%。

（五）楼宇型基地的建筑总面积在5000平方米以上；生产型基地的厂房总面积在20000平方米以上；综合型基地建筑总面积在20000平方米以上。

基地内基础设施和相应的公共服务配套空间较为完善，且公共创业服务面积不小于500平方米。

（六）楼宇型基地入驻（注册地及办公场所均在基地内）小型、微型企业不少于60户，生产型基地入驻小型、微型企业不少于30户，综合型基地入驻小型、微型企业不少于50户。

（七）基地内入驻小型、微型企业数量比重不低于80%。

第三章　创业基地的申报和认定

第七条　申报创业基地的单位，应提交下列材料。

（一）《北京市小企业创业基地认定申请表》（附件1）。

（二）基地运营单位法人证书或营业执照副本、组织机构代码证复印件，土地使用权证和房屋所有权证（或租赁合同）复印件。

（三）基地基本情况介绍，包括历史沿革、经营范围、人员与组织机构、厂房场地、基地发展投资等情况。

（四）《基地入驻企业名录》（附件2）、《创业毕业企业名录》（附件3）及营业执照副本复印件（分年度，最少2年）。

（五）基地提供服务及经营情况，包括为入驻企业提供信息、培训、技术、人才、咨询和后勤等服务及厂房租金优惠情况等。

（六）具有资质的第三方审计机构出具的上一年度基地收支情况的专项审计报告。

（七）基地未来发展思路或规划等相关资料。

（八）通过政府相关部门认定的证明材料。

（九）获得政府扶持的情况。

（十）对申报材料真实性的声明（附件4）。

第八条　创业基地的申报遵循公开征集、自愿申报的原则。各区县中小企业工作主管部门对申报材料的真实性、完整性进行初审，对所推荐创业基地的基础设施、运营情况、服务业绩进行测评，出具推荐意见，填写《北京市小企业创业基地推荐表》（附件5），并附被推荐基地的申请材料，报市经济信息化委。

第九条　市经济信息化委组织专家对申报材料进行评审（必要的进行现场考察）。评审结果在市经济信息化委门户网站公示15个工作日。

第十条　经评审合格并公示的创业基地，市经济信息化委审核认定，授予“北京市小企业创业基地”称号。

第十一条　创业基地的申报和评审工作于每年2月1日至3月15日集中办理。

第四章　创业基地的管理

第十二条　各区县中小企业工作主管部门和创业基地运营主体应做好对基地内企业经济运行情况的跟踪和相关数据的统计上报等监测、管理和服务工作。

第十三条　市经济信息化委对创业基地实行动态管理，定期对创业基地运营情况进行评估，每两年进行一次复核，复核与年度申报同时进行。创业基地运营主体应将上年度工作总结、本年度工作计划、基地收支专项审计报告以及《北京市小企业创业基地年度运营情况测评表》（附件

6）报区县中小企业工作主管部门，经汇总后于每年3月15日前报市经济信息化委。市经济信息化委组织对创业基地进行测评，并根据创业基地运营情况和测评结果确定复核结果。对经复核达不到标准的，限期整改，仍达不到要求的，撤销“北京市小企业创业基地”称号，所涉及的政府专项资金按有关规定执行。

第十四条 创业基地或其运营管理机构遇有更改名称、地址、法定代表人等重大变更事项的，应在更改完成后10个工作日内报市经济信息化委备案。

第十五条 各区县中小企业工作主管部门将创业基地工作纳入当地中小企业发展工作计划，鼓励创业基地的建设和发展。

第十六条 市经济信息化委对业绩突出且效果良好、入驻企业满意率较高的创业基地，提供必要的政策支持。

第五章 附 则

第十七条 本办法由市经济信息化委负责解释。

第十八条 本办法自发布之日起执行。

附件：1．北京市小企业创业基地认定申请表

2．北京市小企业创业基地入驻企业名单

3．北京市小企业创业基地毕业企业名单

4．申报材料真实性声明函

5．北京市小企业创业基地推荐表

6．北京市小企业创业基地年度运营情况测评表

附件1：

北京市小企业创业基地认定申请表

填报单位（盖章）：　　　　　　　　　　　　　　　　　　　单位：万元、平方米、人

基地名称				所在区县	
基地性质	□企业　　□事业				
上级主管部门		注册时间			
主导产业					
法人代表		营业执照注册号			
职工人数		注册资本/万元			
其中：大专以上学历人数		单位网址			
基地地址					
基地负责人		电话		手机	
基地联系人		电话		手机	
基地资产（万元）		占地面积/平方米		建筑面积/平方米	
入驻企业数	2009年及以前		2010年年底		2011年年底
毕业企业数	2009年及以前		2010年年底		2011年年底
基地机构与人员设置具体情况					
区（县）中小企业行政主管部门意见	（盖章） 年　月　日				
市经济信息化委审核意见	（盖章） 年　月　日				

附件2：

北京市小企业创业基地入驻企业名单

<table>
<tr><th rowspan="2">序号</th><th rowspan="2">企业名称</th><th rowspan="2">法人代表</th><th rowspan="2">设立时间</th><th rowspan="2">职工人数</th><th rowspan="2">主要产品</th><th rowspan="2">注册资本</th><th colspan="2">上年主要经济指标</th><th rowspan="2">电话</th><th rowspan="2">备注</th></tr>
<tr><th>销售收入</th><th>实缴税金</th></tr>
<tr><td>1</td><td></td><td></td><td></td><td></td><td></td><td></td><td></td><td></td><td></td><td></td></tr>
<tr><td>2</td><td></td><td></td><td></td><td></td><td></td><td></td><td></td><td></td><td></td><td></td></tr>
<tr><td>3</td><td></td><td></td><td></td><td></td><td></td><td></td><td></td><td></td><td></td><td></td></tr>
<tr><td>4</td><td></td><td></td><td></td><td></td><td></td><td></td><td></td><td></td><td></td><td></td></tr>
<tr><td>5</td><td></td><td></td><td></td><td></td><td></td><td></td><td></td><td></td><td></td><td></td></tr>
<tr><td>6</td><td></td><td></td><td></td><td></td><td></td><td></td><td></td><td></td><td></td><td></td></tr>
<tr><td>7</td><td></td><td></td><td></td><td></td><td></td><td></td><td></td><td></td><td></td><td></td></tr>
</table>

附件3：

北京市小企业创业基地毕业企业名单

单位：万元

序号	企业名称	法人代表	设立时间	毕业时间	职工人数	主要产品	注册资本	上年主要经济指标		电话	备注
								销售收入	实缴税金		
1											
2											
3											
4											
5											
6											
7											

附件 4：

申报材料真实性声明函

本单位知悉并保证所提供的北京市小企业创业基地资金申报资料和相关证明文件的真实性、完整性和准确性，并承担因资料虚假而产生的后果。

申报单位（盖章）：

法定代表人（签字）：

日期：　　　　年　　　月　　　日

附件5：

北京市小企业创业基地

推荐表

基地运营单位名称：________________

所在区(县)：____________________

填报日期：　　　年　　　月　　　日

北京市经济和信息化委员会制

<table>
<tr><td colspan="2">对基地相关情况的核实</td></tr>
<tr><td colspan="2">材料初审对完备性的核实情况：</td></tr>
<tr><td colspan="2">实地调研对真实性的核实情况：</td></tr>
<tr><td>基础设施情况</td><td></td></tr>
<tr><td>基地运营情况</td><td></td></tr>
<tr><td>服务业绩情况</td><td></td></tr>
<tr><td colspan="2">区县中小企业主管部门申报意见</td></tr>
<tr><td colspan="2">该基地基本符合条件，同意推荐申报
（盖章）
年　　月　　日</td></tr>
</table>

附件6：

北京市小企业创业基地
年度运营情况测评表

创业基地运营单位名称：______________（盖章）
填报日期：________年________月________日

北京经济和信息化委员会制

一、创业基地运营单位情况

单位名称（章）		成立日期	
注册资本		法定代表人	
单位性质	企业□　　事业□	上级主管部门	
注册地址		邮政编码	
注册资本＿＿＿＿＿万元	其中：前三名主要股东方名称	性质	投资比例/%

上年度运营情况	营业收入	其中：服务收入	利润总额	上缴税金	年末入驻企业家数	年末小型、微型企业家数
基地负责人		电话		手机		
联系人		电话		手机		

二、创业基地运营情况

基地认定类型		认定时间	
主导产业			
服务场地	场地占地总面积　平方米，建筑面积　平方米，性质：租用□　自有□ 其中：公共创业面积　平方米，占总面积的　%		
管理人员	管理人员　　人 其中：大专及以上学历和中级及以上技术职称的专业人员　　人		

入驻企业情况	年初企业家数		当年入驻（新增）企业家数		当年迁出企业家数	
	其中：小型微型企业数量		其中：小型微型企业数量		其中：毕业企业数量	

基地投资情况	当年有□　　无□　　提升服务质量、改扩建服务场所和设施设备等方面的投资，投资额：　　万元

三、服务情况

主要服务种类	服务规模/（家或人·次$^{-1}$）	服务内容

对区域中小企业发展的影响及作用（自测情况）	年　　月　　日

北京市支持小企业创业基地资金管理实施细则

第一章 总则

第一条 为促进北京市小企业创业基地建设，根据《北京市支持中小企业发展专项资金管理暂行办法》（京财经一〔2005〕412号）等有关政策规定，制定本细则。

第二条 本细则所指小企业创业基地（以下简称“创业基地”）是指根据《北京市小企业创业基地管理暂行办法》（京经信委发〔2012〕23号），经北京市经济和信息化委员会（以下简称“市经济信息化委”）认定，或者按上述办法规定标准建设，由具备独立法人资格的机构经营管理，为小型、微型企业创业提供孵育空间和服务的场所。

第二章 支持范围和方式

第三条 资金重点支持创业基地为小型、微型企业创业发展建设和完善所需的场地和基础设施项目，提供必要的公共服务设备、设施项目以及对经市中小企业工作主管部门认定的创业基地给予适当奖励。支持内容主要包括：

（一）服务环境建设项目。

1. 满足小型、微型企业创业发展所需的服务场地、标准厂房等的建设和改造。

2. 水、电、气等必要的基础设施的建设和改造。

3. 为小型、微型企业提供的商务、培训、信息、咨询、投融资、技术支持、市场开拓等相关服务所必要的设备、设施的建设和改造。

4. 为提升服务和管理水平而进行的信息化建设和改造。

（二）创业基地奖励项目。

鼓励创业基地引入小型、微型企业，降低入驻小型、微型企业生产经营场地的租金，以减轻企业负担，提高创业成功率，对创业基地的经营管理单位予以适当奖励。

第四条 对服务环境建设项目，专项资金采取贷款贴息、拨款补助2种支持方式。

（一）贷款贴息方式是指对银行固定资产贷款予以利息补助，贴息率不超过人民银行公布的同期中长期贷款利率，贴息年限原则上不超过2年，分年度安排，每年贴息金额最高不超过300万元。

（二）拨款补助方式，对第三条第（一）款1、2两类项目，补助金额不超过项目总投资的10%，对3、4两类项目，补助金额不超过项目总投资的30%。每个项目支持金额不超过200万元。

第五条 对吸引小型、微型企业入驻创业基地的经营管理单位，符合奖励条件的，按照企业出租面积200元/平方米的标准，给予一次性奖励，每家创业基地奖励金额不超过200万元。

第三章 申请条件

第六条 申报服务环境建设项目，应当具备下列条件。

（一）申报单位具有独立法人资格，且注册地在本市。

（二）项目各项手续齐备，总投资完成50%（含）以上，建设期原则上不超过3年。

（三）新增建筑面积的建设项目，配套服务能力投资不得低于10%；未新增建筑面积的建设项目，装修和水、电、气等设施投资不得高于50%。

（四）新建、扩建标准厂房的，小型、微型企业入住户数的比率不低于80%。

（五）该项目已获得国家或市级财政资金支持的，原则上不予支持；申报单位承担的国家或市级财政专项资金项目竣工前，原则上不再受理其新项目申请。

第七条 申报创业基地奖励项目，应当具备下列条件。

（一）申报单位具有独立法人资格，且注册地在本市。

（二）申报创业基地须为经市中小企业工作主管部门认定的北京市小企业创业基地。

（三）入驻的小型、微型企业与创业基地签订正式的租赁合同，且其注册地及主要生产经营场所均位于创业基地内。

（四）入驻的小型、微型企业符合国家关于小型、微型企业的划分标准。

（五）入驻的小型、微型企业数量比重不低于80%。

（六）基地用于向小型、微型企业出租的面积及公共创业服务的面积之和占基地建筑总面积的比重超过50%。

（七）基地内入驻企业满意度超过80%。

第四章 申报材料要求

第八条 申报服务环境建设项目，应报送以下材料。

（一）《北京市小企业创业基地服务环境建设项目资金申请表》（附件3）。

（二）《北京市小企业创业基地服务环境建设支出明细表》（附件4）。

（三）项目可行性研究报告（或资金申请报告），原则上要求由有资质的咨询设计单位编制（附件5）。

（四）作为可行性研究报告（或资金申请报告）的附件资料，还应提供以下材料。

1. 经年审的营业执照副本、法人单位基本情况统计表、固定资产投资登记表、近两年经审计的财务报表及最近一期的财务报表。

2. 申请服务环境建设项目需提供核准或备案批准文件，规划部门出具的《规划选址意见》，已开工项目的《建设工程规划许可证》《建筑工程施工许可证》，环保部门出具的环境影响评价文件的审批意见，国土资源部门出具的项目用地预审意见等。

3. 项目资金来源证明、已投入资金支付凭证。

4. 申请贴息的项目须出具项目单位与有关金融机构签订的借款合同、借款到位凭证、付息凭证及《借款合同审查表》（附件6）。

5. 拟购置设备的询价资料。

（五）《申报材料真实性声明函》（附件8）。

（六）其他要求的材料。

第九条 申报入驻企业奖励项目，应报送以下材料。

（一）《创业基地奖励申请表》（附件7）。

（二）创业基地申报单位上年度财务审计报告和近期财务报表。

（三）创业基地与入驻小型、微型企业所签订的租赁合同。

（四）创业基地入驻小型、微型企业营业执照复印件、组织机构代码证复印件，此外还需提供部分小型、微型企业上年度财务报表和统计报表（具体根据评审单位要求提交）。

（五）《申报材料真实性声明函》（附件8）。

（六）其他要求的材料。

第五章　审批和管理

第十条　市经济信息化委会同市财政局每年不定期组织项目申报，并将项目申报通知在市经济信息化委、市财政局及首都之窗等网站公布。凡符合申报条件的单位，应在规定时间内按照要求，将申报材料报送市经济信息化委和市财政局。

第十一条　市经济信息化委会同市财政局共同委托中介机构按照客观、独立、公正的原则进行评审，对符合资金使用条件和范围的拟支持项目予以公示，公示期不少于7个工作日。市财政局根据公示结果和当年预算情况安排中小企业发展专项资金予以支持。

第十二条　服务环境建设项目资金的审批、监督和验收参照《北京市支持中小企业发展专项资金管理暂行办法》《北京市支持中小企业发展专项资金项目监督及验收管理办法（试行）》执行。

第十三条　申请创业基地奖励项目的单位，应认真核实所申报的入驻企业是否属小型、微型企业，如发现故意虚假申报的，将取消创业基地奖励申请资格，如发现以虚报数据等手段骗取资金，或截留、挪用资金等行为的，将根据《财政违法行为处罚处分条例》等国家相关法律法规，进行处罚、处分，今后3年不再受理其申请财政相关专项资金支持。已奖励的按照财政资金管理的有关规定予以追回；已获得认定且情节严重的，市经济信息化委将取消其“创业基地”称号。

第六章　附则

第十四条　本细则由市财政局、市经济信息化委负责解释。

第十五条　本细则自公布之日起30日后施行。

附件：1. 北京市小企业创业基地资金申报材料

2. 申报材料清单

3. 北京市小企业创业基地服务环境建设项目资金申请表

4. 北京市小企业创业基地服务环境建设项目支出明细表

5. 北京市小企业创业基地服务环境建设项目可行性研究报告（资金申请报告）主要内容

6. 借款合同审查表

7. 创业基地奖励申请表

8. 申报材料真实性声明函

附件1：

北京市小企业创业基地资金申报材料

基地名称：________________________
申请单位（盖章）：__________________
通讯地址：________________________
联系电话：________________________
联系人：__________________________
填报日期：______年______月______日

北京市经济和信息化委员会制

附件2：

申报材料清单

1	北京市小企业创业基地服务环境建设项目资金申请表
2	北京市小企业创业基地服务环境建设项目支出明细表
3	服务环境建设项目资金申请报告
4	
5	
6	
7	
……	申报材料真实性声明

附件3：

北京市小企业创业基地服务环境建设项目资金申请表

<table>
<tr><td colspan="6">一、运营单位基本情况</td></tr>
<tr><td>机构名称（盖章）</td><td colspan="3"></td><td>成立日期</td><td></td></tr>
<tr><td>注册地址</td><td colspan="3"></td><td>法定代表人</td><td></td></tr>
<tr><td>经营范围</td><td colspan="5"></td></tr>
<tr><td rowspan="5">注册资本（　　）万元</td><td colspan="3">主要投资方名称</td><td>投资金额/万元</td><td>投资比例/%</td></tr>
<tr><td colspan="3"></td><td></td><td></td></tr>
<tr><td colspan="3"></td><td></td><td></td></tr>
<tr><td colspan="3"></td><td></td><td></td></tr>
<tr><td colspan="3"></td><td></td><td></td></tr>
<tr><td rowspan="2">财务数据</td><td>上一年度总资产</td><td>上一年度总负债</td><td>上一年度净资产</td><td>上一年度营业收入</td><td>上一年度净利润</td></tr>
<tr><td></td><td></td><td></td><td></td><td></td></tr>
<tr><td>联系人</td><td colspan="3"></td><td>联系电话</td><td></td></tr>
<tr><td colspan="6">二、小企业基地基本情况</td></tr>
<tr><td>基地名称</td><td colspan="3"></td><td>基地类别</td><td>□楼宇型平台
□生产型基地
□综合型基地</td></tr>
<tr><td>基地成立时间</td><td colspan="3">年　　月　　日</td><td>入驻企业家数</td><td>家</td></tr>
<tr><td>其中：入驻小型、微型企业家数</td><td colspan="3">家</td><td>基地建筑总面积</td><td>平方米</td></tr>
<tr><td>其中：向小微企业出租面积</td><td colspan="3">平方米</td><td>其中：公共服务面积</td><td>平方米</td></tr>
<tr><td>基地现有基础设施情况</td><td colspan="5"></td></tr>
<tr><td>基地主要服务内容</td><td colspan="5"></td></tr>
<tr><td>小企业基地认定时间</td><td colspan="5">年　　月　　日　　□正在认定　　□尚未认定</td></tr>
</table>

续表

<table>
<tr><td colspan="4">三、项目投资情况</td></tr>
<tr><td>项目名称</td><td colspan="3"></td></tr>
<tr><td>建设内容</td><td colspan="3"></td></tr>
<tr><td>（计划）投资金额</td><td colspan="3">万元</td></tr>
<tr><td>其中：信息化建设/改造投资金额</td><td colspan="3">万元</td></tr>
<tr><td rowspan="3">资金来源</td><td>自有资金</td><td colspan="2">万元</td></tr>
<tr><td>银行融资</td><td colspan="2">万元</td></tr>
<tr><td>其他融资</td><td colspan="2">万元</td></tr>
<tr><td>项目（计划）开始时间</td><td>年　月　日</td><td>项目（计划）结束时间</td><td>年　月　日</td></tr>
<tr><td>项目（预期）效益情况</td><td></td><td></td><td></td></tr>
<tr><td colspan="4">四、资金申请情况</td></tr>
<tr><td>申请支持方式及金额</td><td>□贴息　万元</td><td colspan="2">□补贴　万元</td></tr>
<tr><td colspan="4">申报日期：　年　月　日</td></tr>
</table>

附件4：

北京市小企业创业基地服务环境建设项目支出明细表

申报机构（公章）：　　　　　　　　　　　　　　　　申报日期：　　　年　　月

序号	支出类别	支出明细项目	实支出金额	支出涉及的凭证号码	备注
1					
2					
3					
4					
5					
6					
7					
8					
9					
10					
11					
12					
13					
14					

说明：

1. “支出类别”填列——建筑工程费用（列办公服务场所、标准厂房等场地建设、改造及水、电、气、通信等公用工程的建设、改造）；设备购置及安装（列服务设备购置投资）；工程建设其他费用（列招标、监理、办公家具购置等费用）等。
2. “支出明细”列具体建设项目、设备明细、费用明细等。
3. 归入信息化建设及改造的投资需在备注中说明。
4. 如有需要可增加行数。

附件5：

北京市小企业创业基地服务环境建设项目可行性研究报告（资金申请报告）主要内容

一、项目概况（包括：项目名称、建设地点、建设内容、建设规模、投资规模及构成、建设期等）。

二、申请单位和创业基地的基本情况（包括：申请单位基本情况、财务状况、创业基地的运营情况、服务企业的基本情况、发展目标、获得各级政府扶持的情况等）。

尚未获得创业基地认定的，需说明创业基地预期提供的服务功能和效果、运营方案、发展目标等内容。

三、建设背景和必要性（服务对象的行业状况，在区域经济发展中的地位、作用，小型、微型企业发展情况和公共服务需求情况等）。

四、项目建设方案（工程技术方案、建设规模、服务方案）。

五、组织运营保障（包括：组织机构、人员配备、人员激励、能力提升、品牌建设、可持续发展等）。

六、建设进度安排（建设周期、各阶段进度安排、进度现状）。

七、投资估算及资金筹措。

八、财务及社会效益评价。

九、风险分析。

十、资金申请。

附件6：

借款合同审查表

金额单位：万元

<table>
<tr><td>企业名称</td><td colspan="5"></td></tr>
<tr><td>项目名称</td><td colspan="5"></td></tr>
<tr><td>借 款 人</td><td colspan="5"></td></tr>
<tr><td>担保人或抵押物</td><td colspan="5"></td></tr>
<tr><td>借款银行</td><td colspan="5"></td></tr>
<tr><td>合同号</td><td colspan="5"></td></tr>
<tr><td colspan="3">合同签订内容</td><td colspan="3">合同执行情况</td></tr>
<tr><td>借款用途</td><td colspan="2"></td><td>借款用途</td><td colspan="2"></td></tr>
<tr><td rowspan="5">提款计划</td><td>时间</td><td>金额</td><td rowspan="5">实际到位</td><td>时间</td><td>金额</td></tr>
<tr><td></td><td></td><td></td><td></td></tr>
<tr><td></td><td></td><td></td><td></td></tr>
<tr><td></td><td></td><td></td><td></td></tr>
<tr><td></td><td></td><td></td><td></td></tr>
<tr><td>年利率/%</td><td colspan="2"></td><td>实际年利率/%</td><td colspan="2"></td></tr>
<tr><td>借款时间</td><td colspan="2"></td><td>应付利息*</td><td colspan="2"></td></tr>
<tr><td>期限</td><td colspan="2"></td><td>已付利息*</td><td colspan="2"></td></tr>
<tr><td rowspan="5">偿还本金计划</td><td>时间</td><td>金额</td><td rowspan="5">实际偿还本金</td><td>时间</td><td>金额</td></tr>
<tr><td></td><td></td><td></td><td></td></tr>
<tr><td></td><td></td><td></td><td></td></tr>
<tr><td></td><td></td><td></td><td></td></tr>
<tr><td></td><td></td><td></td><td></td></tr>
<tr><td>银行审查意见*</td><td colspan="3"></td><td colspan="2"></td></tr>
<tr><td colspan="4">* 应付利息和已付利息截止日期为　　年第　　季度末
* 银行须填写意见并加盖银行公章</td><td colspan="2">审查日期：　年　　月　　日</td></tr>
</table>

附件 7：

创业基地奖励申请表

<table>
<tr><th colspan="6">一、申报单位基本情况</th></tr>
<tr><td>机构名称(盖章)</td><td colspan="2"></td><td>成立日期</td><td colspan="2"></td></tr>
<tr><td>注册地址</td><td colspan="2"></td><td>经营范围</td><td colspan="2"></td></tr>
<tr><td>注册资本</td><td colspan="2"></td><td>法定代表人</td><td colspan="2"></td></tr>
<tr><td rowspan="2">财务数据</td><td>上年度总资产</td><td>上年度总负债</td><td>上年度营业收入</td><td>上年度利润总额</td><td>上年度净利润</td></tr>
<tr><td></td><td></td><td></td><td></td><td></td></tr>
<tr><td>基地名称</td><td colspan="2"></td><td>认定时间</td><td></td><td></td></tr>
<tr><td>入驻企业家数</td><td></td><td>其中小微型企业家数</td><td></td><td>小微企业入驻率(小微型企业家数/入驻企业家数)</td><td>%</td></tr>
<tr><td>建筑总面积</td><td>平方米</td><td>公共创业服务面积</td><td>平方米</td><td>用于租赁的面积</td><td>平方米</td></tr>
<tr><td>其中用于小微型企业租赁面积</td><td>平方米</td><td>小微企业实际租赁面积</td><td>平方米</td><td>小微企业实际租赁率(小微企业实际租赁面积/用于小微型企业租赁总面积)</td><td>%</td></tr>
<tr><td>小微型服务面积占比(用于小微企业租赁面积＋公共创业服务面积)/建筑总面积</td><td>%</td><td>入驻企业满意度</td><td>%</td><td>申请奖励金额</td><td></td></tr>
<tr><td>联系人</td><td colspan="2"></td><td>联系电话</td><td colspan="2"></td></tr>
</table>

<table>
<tr><th colspan="11">二、创业基地入驻企业名单</th></tr>
<tr><td>序号</td><td>企业名称</td><td>注册地址</td><td>主营业务</td><td>上年度营业收入(万元)</td><td>上年度末从业人数</td><td>入驻形式(租赁/自购)</td><td>面积/平方米</td><td>租赁期及租金标准/元·(平方米·天)$^{-1}$</td><td>联系人及联系电话</td><td>企业满意度评价</td></tr>
<tr><td></td><td></td><td></td><td></td><td></td><td></td><td></td><td></td><td></td><td></td><td></td></tr>
<tr><td></td><td></td><td></td><td></td><td></td><td></td><td></td><td></td><td></td><td></td><td></td></tr>
<tr><td colspan="11">申报日期：　　年　　月　　日</td></tr>
</table>

注：1. 租赁期及租金标准仅租赁企业填写。

2. 请按照以下标准填写：租赁企业先于自购企业；小型、微型企业先于中型、大型企业。

3. 本表可根据需要增加行数。

附件8：

申报材料真实性声明函

本单位知悉并保证所提供的北京市小企业创业基地资金申报资料和相关证明文件的真实性、完整性和准确性，并承担因资料虚假而产生的后果。

申报单位（盖章）：

法定代表人（签字）：

日期：　　　年　　　月　　　日

北京市顺义区人民政府关于印发《顺义区支持创业企业上市发展办法》的通知

顺政发〔2015〕33 号

各镇人民政府，地区和街道办事处，区政府各委、办、局，各区属机构：

《顺义区支持创业企业上市发展办法》已经 2015 年 9 月 2 日第 22 次区政府常务会议讨论通过，现印发给你们，请认真贯彻落实。

北京市顺义区人民政府

二〇一五年九月六日

顺义区支持创业企业上市发展办法

第一条 为落实国家创新驱动发展战略，主动适应经济发展新常态，顺应网络时代大众创业、万众创新的新趋势，支持创业企业通过登陆资本市场发展壮大，推进“四个转型升级”，建立多点支撑的经济可持续发展格局，根据国家和北京市相关政策文件，结合我区发展实际，制定本办法。

第二条 按照创业企业成长轨迹和发展规律，吸引、聚集、推进创业企业挂牌上市，探索建立“认证（注册）在中关村顺义园，办公经营在示范区”的上市企业聚集模式，打造多层次资本市场顺义板块。发挥政策集成优势，优化企业发展环境，部门联动、机制联通，形成与“创业摇篮计划”等产业政策相衔接、分段服务的一体化政策体系。

第三条 本办法所支持创业企业是指在我区注册纳税，列入我区上市培育企业资源库，具备在新三板、四板等场外市场挂牌上市行为的企业；孵化机构是指经国家、北京市和我区认定的孵化机构；关联中介机构是指依法成立，具备在资本市场保荐、推荐资质的证券公司、基金公司、会计师事务所、律师事务所等相关机构；新三板是指全国中小企业股份转让系统；四板是指北京股权交易中心；股份制改造是指经具备证券从业资格的中介机构，按照企业挂牌上市标准完成的股份制改造。

第四条 扩大我区企业上市奖励扶持资金规模，按照完成改制和完成挂牌 2 个阶段给予创业企业资金补助。

拟在新三板挂牌的企业，完成股份制改造后，给予 50 万元补助；完成挂牌后，根据《北京市顺义区人民政府关于印发〈顺义区推动企业上市工作办法〉的通知》（顺政发〔2014〕27 号，以下简称《通知》），给予 80 万元补助。

拟在四板挂牌的企业，完成股份制改造后，给予 30 万元补助；完成挂牌后，给予 20 万元补助。

新三板、四板挂牌企业成功转板后，根据《通知》，按照所上资本市场板块补齐差额。

第五条 充分发挥机构资源优势，区金融办与优质孵化机构、关联中介机构建立战略合作关系，为创业企业入区发展和挂牌上市提供低成本、便利化、全方位、开放式、综合式服务。将引进创业企业的孵化机构以及关联中介机构纳入政策奖励范围。按照引进创业企业所上资本市场板块，给予孵化机构及关联中介机构相应资金补助。引进的创业企业成功在境内外资本市场上市后，给予孵化机构及关联中介机构80万元奖励；引进的创业企业成功在新三板挂牌后，给予孵化机构及关联中介机构50万元奖励；引进的创业企业成功在四板挂牌后，给予孵化机构及关联中介机构5万元奖励。

申请奖励扶持资金的创业企业、孵化机构及关联中介机构，应于相关工作完成之日起6个月内向区金融办提出申请，并提供相关材料（附件1），逾期视同放弃。

第六条 将三区三镇一园（临空经济核心区、科技创新产业功能区、绿色生态产业功能区、天竺镇、南彩镇、赵全营镇、金蝶软件园）作为创业企业上市示范区，为区域内的创业企业、孵化机构和关联中介机构在办公用房等方面予以政策支持，完善配套服务，降低运营成本。

第七条 优化上市服务环境，由顺义区推动企业上市工作领导小组统筹协调，分阶段为创业企业提供专业化、市场化、特色化的上市服务。

为创业企业提供上市前服务：临空经济核心区和科技创新产业功能区成立专业服务公司，区投资服务中心开设服务专区，职能部门委派专人，协调办理创业企业在股份制改造、股权登记、挂牌上市等过程中涉及的项目审批、房产过户、环境评价、税收证明、工商登记等行政事项。

为创业企业提供上市过程中服务：定期邀请市证监局、市金融局等职能部门和证券公司、会计师事务所、律师事务所等中介机构对区内拟上市创业企业进行专题培训，加强企业对资本市场认识，提高企业资本运营理念。

为创业企业提供上市后服务：区政府与深圳证券交易所及全国中小企业股份转让系统等交易场所建立战略合作关系，搭建交流合作平台，引导企业在我区设立功能性总部，鼓励企业将投资项目落户我区。

第八条 加大人才引进支持力度，增强创业企业自主创新能力。依托国家、北京市、中关村有关人才发展的支持政策，鼓励、引导创业企业引进优秀人才。按照北京市人才引进相关政策，面向应届毕业生提供一定数量的进京指标，对符合条件的高级人才，成熟一个，办理一个。

为创业企业上市做好公租房配套支持，由区政府所属非营利性机构持有一定数量的公租房，优先向符合认定条件的创业企业提供，用于协助企业解决内部高级人才引进后的安置问题。

第九条 研究设立创业企业挂牌上市专项基金。按照市场主导与政府支持相结合的原则设立基金，协助创业企业挂牌上市，加速企业发展。基金公司的规模、出资主体、运作模式、退出方式等另行研究。

第十条 在顺义区推动企业上市工作领导小组的领导下，区金融办牵头负责整合我区企业资源、完善上市培育企业资源库、落实推动企业上市具体工作；示范区的政府管理部门要结合自身实际，研究制定办公用房及公租房等配套实施细则；临空经济核心区、科技创新产业功能区会同财政、国有资产部门适时启动制定基金设立具体方案；人力社保、住房城乡建设、交通、教育、卫生计生等相关部门结合自身职能，为创业企业做好人才引进、住房保障、交通出行、子女入学、医疗卫生等方面服务。

第十一条 本办法自2015年10月8日起施行，有效期3年。区内其他有关推动企业上市文件与本办法不一致的，以本办法为准。

附件：1. 顺义区企业上市奖励扶持资金申请材料清单

2. 顺义区企业上市奖励扶持资金申请表

附件 1：

顺义区企业上市奖励扶持资金申请材料清单

一、申请改制奖励扶持资金的创业企业应提交下列材料

1. 顺义区企业上市奖励扶持资金申请表。
2. 股份公司的营业执照复印件。
3. 拟在新三板挂牌企业需提供与证券公司签订的财务顾问协议复印件。
4. 拟在四板挂牌企业需提供与具备证券从业资格的中介机构签订的改制顾问协议复印件。

二、申请四板挂牌奖励扶持资金的创业企业应提交下列材料

1. 顺义区企业上市奖励扶持资金申请表。
2. 企业营业执照复印件。
3. 与关联中介机构签订的推荐挂牌协议复印件。
4. 北京股权交易中心出具的关于同意企业挂牌的函。

三、申请引进创业企业奖励扶持资金的孵化机构及关联中介机构应提交下列材料

1. 顺义区企业上市奖励扶持资金申请表。
2. 孵化机构、关联中介机构营业执照复印件。
3. 引进的创业企业工商、税务已完成变更的相关证明文件。
4. 监管机构出具的关于同意企业挂牌、上市的确认材料。
5. 中介机构与企业关于入区发展的相关说明。

以上所提交材料一式两份，复印件需加盖企业公章。

附件2：

顺义区企业上市奖励扶持资金申请表

<table>
<tr><td>公司名称</td><td colspan="5"></td><td colspan="3">法人代表</td><td colspan="3"></td></tr>
<tr><td>公司地址</td><td colspan="5"></td><td colspan="3">邮政编码</td><td colspan="3"></td></tr>
<tr><td>所属地区</td><td colspan="5"></td><td colspan="3">成立时间</td><td colspan="3"></td></tr>
<tr><td>公司网址</td><td colspan="5"></td><td colspan="3">所属行业</td><td colspan="3"></td></tr>
<tr><td>开户银行</td><td colspan="5"></td><td colspan="3">账号</td><td colspan="3"></td></tr>
<tr><td rowspan="3">联系人</td><td>职务</td><td colspan="2">姓名</td><td colspan="2">办公电话</td><td colspan="3">手机</td><td colspan="3">电子邮件</td></tr>
<tr><td></td><td colspan="2"></td><td colspan="2"></td><td colspan="3"></td><td colspan="3"></td></tr>
<tr><td></td><td colspan="2"></td><td colspan="2"></td><td colspan="3"></td><td colspan="3"></td></tr>
<tr><td rowspan="4">公司基本情况</td><td colspan="2">公司历史沿革</td><td colspan="9"></td></tr>
<tr><td colspan="2">主要股东及其持股比例</td><td colspan="9"></td></tr>
<tr><td colspan="2">业务范围</td><td colspan="9"></td></tr>
<tr><td colspan="2">主营产品及高技术含量产品</td><td colspan="9"></td></tr>
<tr><td rowspan="5">公司财务状况</td><td colspan="2">注册资本/万元</td><td colspan="4">总资产/万元</td><td colspan="3">净资产/万元</td><td colspan="2">资产负债率/%</td></tr>
<tr><td colspan="2"></td><td colspan="4"></td><td colspan="3"></td><td colspan="2"></td></tr>
<tr><td colspan="2" rowspan="3">过往两年经营状况</td><td colspan="2">年份</td><td colspan="2">主营收入/万元</td><td>增长率/%</td><td colspan="2">净利润/万元</td><td>增长率/%</td><td>净资产收益率/%</td></tr>
<tr><td colspan="2"></td><td colspan="2"></td><td></td><td colspan="2"></td><td></td><td></td></tr>
<tr><td colspan="2"></td><td colspan="2"></td><td></td><td colspan="2"></td><td></td><td></td></tr>
<tr><td>中介机构</td><td colspan="11"></td></tr>
<tr><td>上市地点</td><td colspan="11"></td></tr>
<tr><td rowspan="6">申请项目</td><td colspan="9">1. 企业改制奖励扶持资金</td><td colspan="2"></td></tr>
<tr><td colspan="9">2. 企业辅导奖励扶持资金</td><td colspan="2"></td></tr>
<tr><td colspan="9">3. 企业上市成功奖励扶持资金</td><td colspan="2"></td></tr>
<tr><td colspan="9">4. 新三板挂牌奖励扶持资金</td><td colspan="2"></td></tr>
<tr><td colspan="9">5. 四板挂牌奖励扶持资金</td><td colspan="2"></td></tr>
<tr><td colspan="9">6. 孵化机构、关联中介机引进创业企业奖励扶持资金</td><td colspan="2"></td></tr>
<tr><td>申请金额</td><td colspan="11"></td></tr>
</table>

续表

申请企业承诺书	我公司承诺：本申请表中所填报内容和所提交材料均为真实的、合法的，我公司对此承担一切法律责任。 单位（公章）： 法定代表人（签字）： 年　月　日
区金融办审核意见	负责人： 年　月　日
区财政局审核意见	负责人： 年　月　日

顺义区人民政府关于印发《顺义区推动企业上市工作办法》的通知

顺政发〔2011〕24号

各镇人民政府，地区和街道办事处，区政府各委、办、局，各区属机构：

《顺义区推动企业上市工作办法》已经2011年6月8日第11次区政府常务会议讨论通过，现印发给你们，请结合各自实际，认真依照执行。

二〇一一年六月二十九日

顺义区推动企业上市工作办法

第一条 为进一步加快企业上市步伐，促进资本市场利用和区域经济又好又快发展，根据《北京市人民政府办公厅关于进一步推动企业上市工作的意见》（京政办发〔2010〕35号）和顺义区“十二五”时期金融业发展规划要求，结合我区实际，制定本办法。

第二条 坚持“政府引导、规范运作、企业为主、市场推进”的原则，加大培育和支持力度，优化发展环境，打造资本市场“顺义板块”。

第三条 本办法所称上市培育企业，是指在我区注册纳税，有上市意愿、具备一定条件且被列入上市培育企业资源库的企业。

第四条 丰富上市培育企业资源库。通过委、办、局推荐和企业自荐等方式保持库内资源及时更新并实行动态管理。根据企业上市的进展情况，确定不同阶段的服务内容。同时加大政策宣传力度，争取有上市前途的区外企业来我区发展。

第五条 营造促进企业上市的良好氛围，采取多种措施促进企业上市。

（一）培育、优化企业上市金融环境。积极引进创投、担保、法律、会计、咨询等专业机构，提高企业上市的综合服务水平。

（二）加大培训力度。邀请中国证监会、北京市金融工作局等职能部门对上市培育企业进行专业培训，提高上市培育企业资本运营理念和科学管理水平。

（三）协调解决上市培育企业在改制上市过程中出现的问题和困难。上市培育企业有需政府协调事项的，可向区金融办提出申请，由区金融办上报顺义区推动企业上市领导小组予以协调。

（四）强化企业上市后服务。持续关注上市企业运行情况，巩固上市成果，防控上市企业的停牌风险和退市风险。

第六条 设立顺义区企业上市奖励扶持资金，用于支持上市培育企业改制、上市等工作。

上市培育企业完成股份有限公司改制，给予200万元补助。

企业拟在创业板上市，完成上市辅导后，给予200万元补助；上市成功后，再给予200万元补助。

企业拟在主板、中小板上市，完成上市辅导后，给予300万元补助；上市成功后，再给予300万元补助。

企业在境外资本市场上市，给予600万元补助。

企业借壳上市或买壳上市，给予600万元补助。

第七条 凡申请顺义区企业上市奖励扶持资金的上市培育企业，须向区金融办提出申请，经审核通过后，由区财政局落实相关资金。

第八条 申请顺义区企业上市奖励扶持资金的企业须按照如下要求，向区金融办提交有关材料。

（一）申请改制奖励扶持资金的企业应提交以下材料。

1.《顺义区企业上市奖励扶持资金申请表》。

2. 股份有限公司的营业执照副本复印件。

3. 与证券公司签订的改制顾问协议复印件。

（二）申请辅导期奖励扶持资金的企业应提交以下材料。

1.《顺义区企业上市奖励扶持资金申请表》。

2. 企业营业执照副本复印件。

3. 企业与具有保荐资质的证券公司所签订辅导协议的复印件。

4. 有关主管部门出具的辅导监管报告等材料。

（三）申请上市奖励扶持资金的企业应提交以下材料。

1.《顺义区企业上市奖励扶持资金申请表》。

2. 企业营业执照副本复印件。

3. 企业与具有境内外证券市场保荐资质的证券公司所签订辅导协议、保荐协议和承销协议的复印件。

4. 有关主管部门出具的批准企业有关发行和上市申请的通知书、备案文件等证明材料。

以上所提交材料是复印件的需加盖企业公章。

企业应于完成改制、辅导、上市之日起半年内提出申请，逾期视同放弃。

第九条 成立顺义区推动企业上市领导小组（以下简称“领导小组”），完善上市工作联动机制，统筹协调推动全区企业上市工作。领导小组下设办公室，办公地点设在区金融办，具体负责企业上市的规划、筛选、培育、初审、奖励等工作。

第十条 本办法执行过程中如遇国家或北京市政策调整将做相应调整，具体问题由区金融办与相关部门协调解决。

第十一条 本办法自2011年8月1日起施行，《顺义区人民政府办公室转发关于选择培育上市资源企业意见的通知》（顺政办发〔2004〕46号）同时废止。

关于印发《北京市中小企业创业投资引导基金实施暂行办法》的通知

京发改〔2008〕1167号

各有关单位：

为进一步转变政府资金扶持方式，着力解决创业期中小企业融资难问题，推动中小企业又好又快发展，市发展改革委、市财政局依据国家十部委发布的《创业投资企业管理暂行办法》及北京市的相关规定，制定了《北京市中小企业创业投资引导基金实施暂行办法》（以下简称《暂行办法》），并组织实施北京市中小企业创业投资引导基金试点。《暂行办法》现经市政府同意，印发给你们，请遵照执行。

第一章　总　则

第一条　为贯彻《中华人民共和国中小企业促进法》，缓解创业期中小企业融资难题，支持中小企业自主创新，完善创业发展环境，依据《创业投资企业管理暂行办法》《中共北京市委　北京市人民政府关于增强自主创新能力建设创新型城市的意见》，并参照《科技型中小企业创业投资引导基金管理暂行办法》《关于产业技术研究与开发资金试行创业风险投资的若干指导意见》，制定本办法。

第二条　北京市中小企业创业投资引导基金（以下简称“引导基金”）主要用于引导创业投资机构向创业期中小企业投资。

第三条　引导基金资金主要来源于北京市用于扶持产业发展的各项资金及其他政府性资金，引导基金收益和其他社会资金。

第四条　引导基金引导社会资金重点投资于符合北京城市功能定位和相关产业政策、产业投资导向的创业期科技型、创新型中小企业。

第五条　引导基金的宗旨是创新政府资金扶持方式，通过发挥财政资金的杠杆放大效应，引导民间资金进入创业投资领域并鼓励其增加对中小企业的投资。引导基金不以营利为目的。

第六条　市发展改革委、市财政局负责引导基金使用的决策、监督和管理；引导基金试点期间，委托北京市中小企业服务中心代表政府作为引导基金的名义出资代表；引导基金的日常管理机构（以下简称“基金管理机构”）通过设立或公开选择的方式确定；公开选定境内商业银行，作为引导基金的资金托管银行。

第二章　引导基金的支持方式

第七条　引导基金以参股支持方式引导创业投资机构共同设立创业投资企业，由引导基金参股的创业投资企业（以下简称“参股创投企业”）主要向创业期中小企业投资。

第八条　满足以下条件的创业投资机构作为发起人发起设立创业投资企业时，可以申请引导基金的股权投资。

（一）实收资本在5000万元人民币以上，所有投资者以货币形式出资。

（二）有明确的投资领域。

（三）至少有3名具备5年以上创业投资或相关业务经验的专职高级管理人员。

（四）至少有3个对中小企业投资的成功案例，即投资所形成的股权年平均收益率不低于20%，或股权转让收入高于原始投资20%。

（五）管理和运作规范，具有严格合理的投资决策程序和风险控制机制。

（六）按照国家企业财务、会计制度规定，有健全的内部财务管理制度和会计核算办法。

（七）承诺出资设立的创业投资企业重点投资于符合北京城市功能定位和相关产业政策、产业投资导向的创业期科技型、创新型中小企业。

第九条 引导基金股权投资的评审决策程序如下。

（一）公开征集。受市发展改革委、市财政局委托，基金管理机构面向社会公开征集引导基金合作创业投资机构。

（二）机构申报。拟合作的创业投资机构向基金管理机构提交合作设立参股创投企业的投资方案。

（三）专家评审。市发展改革委、市财政局组织专家建立专家评审委员会，对上述投资方案进行评审。

（四）社会公示。经专家评审通过的创业投资机构，在有关媒体上公示，公示期为2周。对公示中发现问题的机构，引导基金不予合作。

（五）政府决策。市发展改革委、市财政局根据专家评审结果，确定创业投资机构，审定投资方案，并告知基金管理机构。

（六）实施方案。由基金管理机构组织实施审定通过的投资方案。

第十条 引导基金的出资比例最高不超过参股创投企业实收资本的30%，且不能成为第一大股东。

第十一条 参股创投企业经营期限最长为10年。

第十二条 引导基金的闲置资金只能存放银行和购买国债。

第十三条 根据参股创投企业投资项目运作情况，引导基金在参股创投企业中的投资收益，可安排一定比例奖励给其他股东，或者作为参股创投企业投资管理团队的业绩报酬，以引导、鼓励其他股东继续支持中小企业创业投资发展。

第三章 引导基金的退出方式

第十四条 引导基金在参股创投企业稳定运营后，可通过下列途径完成退出，以实现引导基金的良性循环：将股权优先转让给其他股东；公开转让股权；参股创投企业到期后清算退出。

第十五条 参股创投企业应当在《投资人协议》和《企业章程》中明确下列事项。

（一）在有受让方的情况下，引导基金可以随时退出。

（二）参股创投企业的其他股东不先于引导基金退出。

第十六条 参股创投企业其他股东或投资者自引导基金投入后3年内购买引导基金在参股创投企业中的股权的，转让价格参照引导基金原始投资额；超过3年的，转让价格参照引导基金原始投资额与按照转让时中国人民银行公布的1年期贷款基准利率计算的收益之和。

第十七条 参股创投企业到期后清算，引导基金以所持股权比例获取本金和收益。参股创投企业发生破产清算，按照法律程序清偿债权人的债权后，剩余财产首先清偿引导基金。

第四章 引导基金的管理和监督

第十八条 市发展改革委、市财政局履行下列职责。

（一）制定引导基金投资项目评审规程。

（二）根据评审规程，设立专家评审委员会，组织专家评审创业投资机构申报的拟订与引导基金共同设立创业投资企业的投资方案，根据专家意见，研究确定引导基金合作对象，审定设立创业投资企业的投资方案。

（三）委托、指导和监督基金管理机构对引导基金的管理工作。

（四）牵头设立监督管理委员会，协调和会商引导基金日常管理中出现的问题。

第十九条 基金管理机构履行下列职责。

（一）按照引导基金投资项目评审规程，面向社会公开征集引导基金合作创业投资机构；推荐专家参与对创业投资机构申报的拟订与引导基金共同设立创业投资企业的投资方案的评审；组织实施市发展改革委、市财政局审定通过的投资方案。

（二）向参股创投企业派驻经市发展改革委、市财政局认可的董事、监事人选；代表引导基金以出资额为限对参股创投企业行使股东权利，承担股东义务。

（三）管理引导基金投资形成的股权，适时提出股权退出方案，报经市发展改革委、市财政局批准后，负责实施股权退出工作。

（四）组织社会中介机构对参股创投企业进行年度专项审计，监督参股创投企业的运作情况，定期向市发展改革委、市财政局汇报。

第五章 参股创投企业的运作

第二十条 参股创投企业进行投资时应当遵循下列原则。

（一）根据《创业投资企业管理暂行办法》进行投资运作，重点投资于本办法第四条规定的投资领域。

（二）投资于北京区域内创业期中小企业的资金额度不低于引导基金出资额的 2 倍。

（三）对单个企业的投资不得超过参股创投企业资本总额的 20%。

（四）不得对已上市企业进行股权投资，但是所投资的企业上市后，参股创投企业所持股份的未转让部分及其配售部分不在此限。

（五）不得投资于其他创业投资企业。

第二十一条 参股创投企业不得从事下列业务。

（一）吸收或变相吸收存款、贷款、拆借。

（二）期货及金融衍生品交易。

（三）抵押和担保业务。

（四）房地产投资。

（五）赞助和捐赠。

（六）创投企业管理部门禁止从事的其他业务。

第二十二条 基金管理机构对参股创投企业未按本办法第二十条、第二十一条规定开展投资业务的，要求参股创投企业进行调整；协调无效的，报请市发展改革委、市财政局同意后，将引导基金从参股创投企业中退出。

第六章 附 则

第二十三条 本办法由市发展改革委、市财政局负责解释。

第二十四条 本办法自发布之日起 30 日后实施。

关于印发《北京创造·战略性新兴产业创业投资引导基金管理暂行办法》的通知

各有关单位：

为加快培育和发展战略性新兴产业，转变政府投入方式，完善产业发展环境，根据国家创业投资基金工作安排及相关管理办法规定，我们制定了《北京创造·战略性新兴产业创业投资引导基金管理暂行办法》，经报市政府同意，现印发给你们，请遵照执行。

特此通知。

二〇一二年五月十二日

北京创造·战略性新兴产业创业投资引导基金管理暂行办法

第一章　总　则

第一条　为贯彻落实国务院《关于加快培育和发展战略性新兴产业的决定》（国发〔2010〕32号）和市政府《关于印发〈加快培育和发展战略性新兴产业实施意见〉的通知》（京政发〔2011〕38号），转变政府投入方式，完善产业发展环境，加快培育和发展战略性新兴产业，根据《创业投资企业管理暂行办法》（国家发展改革委2005年第39号令）、《国务院办公厅转发发展改革委等部门关于创业投资引导基金规范设立与运作指导意见的通知》（国办发〔2008〕116号）、国家发展改革委和财政部《关于实施新兴产业创业投资计划、开展产业技术研究与开发资金参股设立创业投资基金试点工作的通知》（发改高技〔2009〕2743号）、《关于印发新兴产业创投计划参股创业投资基金管理暂行办法的通知》（财建〔2011〕668号）及市发展改革委《关于印发市政府固定资产投资设立基金资金管理办法的通知》（京发改〔2011〕1067号）的有关规定，结合本市实际情况，设立北京创造·战略性新兴产业创业投资引导基金（以下简称“引导基金”），并制定本办法。

第二条　本办法适用于引导基金，以及按照《创业投资企业管理暂行办法》规定在创业投资备案管理部门备案，并申请引导基金的各类创业投资机构。

第三条　引导基金是指市政府设立并按照市场化方式运作的专项用于支持战略性新兴产业的政策性基金，其宗旨在于充分发挥政府财政资金的杠杆放大效应，增加创业投资资本供给，培育壮大战略性新兴产业规模，引导社会资金主要投向北京市战略性新兴产业中处于创业早中期阶段的非上市企业，推进北京市经济结构调整和产业升级。

创业早中期阶段企业应当同时符合职工人数不超过500人、年销售（营业额）不超过2亿元、资产总额不超过2亿元的条件。上述条件按照初始投资行为发生时被投资企业的规模确定。

第四条　引导基金遵循政府引导、市场运作、科学决策、控制风险的原则进行投资运作，优先支持国家新兴产业创投计划与北京市共同参股设立的创业投资企业。

第二章　引导基金的组织机构及其职责

第五条　市发展改革委、市财政局负责引导基金使用的决策、监督和管理。引导基金设在北京市工程咨询公司，由其作为名义出资代表对外行使引导基金的权益，承担相应义务与责任。

第六条　引导基金设理事会作为决策机构，行使引导基金的指导、决策、督促、协调和管理职责。理事会由市发展改革委、市财政局主管领导以及业务管理部门负责人等人员组成。国家发展改革委、财政部相关机构可作为理事会列席单位。

第七条　引导基金委托专业机构作为日常管理机构，负责落实理事会的决策事项以及引导基金的日常管理运作事务。理事会办公室设在日常管理机构。日常管理机构的委托管理费用和业绩奖励由市政府固定资产投资设立基金资金按照相关管理办法支付。

第八条　引导基金设评审委员会作为引导基金的决策支撑机构，承担引导基金投资方案的评审工作。评审委员会由理事会聘请政府有关部门、战略性新兴产业专家及投资专家组成。评审委员会成员人数为单数，其中战略性新兴产业专家及投资专家不得少于半数。引导基金申请机构人员不得作为评审委员会成员参与评审。

第九条　引导基金选定境内商业银行作为资金托管银行，负责资金保管、拨付、结算等日常工作。名义出资代表应开设托管专户，用于引导基金的拨付及回收。

第十条　理事会具体职责如下。

1. 制定引导基金投资方向、投资原则、年度工作计划和执行情况报告，并报市发展改革委、市财政局审议。

2. 审定引导基金申报指南。

3. 审定评审委员会组建方案及评审规程，并根据评审委员会的评审意见，确定引导资金合作创业投资机构及跟进投资战略性新兴产业企业。

4. 审定引导基金参股设立创业投资企业及跟进投资方案，审定引导基金股权退出方案。

5. 审定引导基金资金托管银行。

6. 指导和监督日常管理机构的引导基金管理工作，定期向市发展改革委、市财政局报告运作情况，引导基金运作过程中的重大事件应及时报告。

7. 批准日常管理机构拟向参股设立创业投资企业委派的董事、监事或合伙委员会成员等人选。

8. 引导基金其他相关决策事项。

第十一条　日常管理机构具体职责如下。

1. 承担理事会办公室工作，组织召开理事会会议，发布引导基金申报指南，组织评审委员会会议，执行理事会审定的参股设立创业投资企业方案、跟进投资方案及股权退出方案等。

2. 拟定引导基金申报指南、评审委员会组建方案及评审规程。

3. 受理创业投资机构参股设立创业投资企业或跟进投资申报，完成尽职调查报告，拟定投资方案。

4. 对引导基金投资形成的股权进行管理，适时提出股权退出方案。

5. 提出拟向参股设立创业投资企业委派的董事、监事或合伙委员会成员等人选。

6. 编制引导基金年度执行情况报告，定期向理事会汇报引导基金的运作情况和效果，发现引导基金出现异常情况随时报告。

7. 理事会委托的其他事项。

第十二条　评审委员会具体职责如下。

1. 根据评审规程，对申请引导基金的创业投资机构提交的参股设立创业投资企业或跟进投资方案，以及日常管理机构完成的尽职调查报告进行独立评审。

2. 根据评审结果，向理事会提交评审意见。

第十三条 托管银行具体职责如下。

1. 负责引导基金的资金保管、拨付、结算等日常工作。

2. 建立引导基金监控、预警机制，对引导基金的投资进行动态监管，并及时对监管结果提出处理建议。

3. 定期向理事会出具托管报告，发现引导基金出现异常情况随时报告。

第三章 引导基金规模、来源及支持方法

第十四条 引导基金总规模30亿元，首期规模10亿元，资金根据引导基金运作情况逐步到位，引导基金未列入承诺出资计划的闲置资金原则上不超过20%。首期10亿元包括本市配合国家新兴产业计划参股设立创业投资基金已确定的3亿元地方配套资金。

第十五条 引导基金资金来源为本市固定资产投资资金，同时纳入本市重大科技成果转化和产业项目统筹资金管理。引导基金运行收回的本金和投资收益可作为引导基金资金滚动使用。

第十六条 市政府配合国家新兴产业创投计划设立创业投资企业的已出资资金以及后续出资资金纳入本办法管理。国家出资资金按照国家有关管理办法执行。

第十七条 引导基金投资运作主要采用参股方式，在适当的时候可以跟进投资。其中参股方式占引导基金总规模不低于80%。

1. 参股。引导基金通过参股方式，与国家资金、区级资金以及社会资金共同发起设立创业投资企业。

2. 跟进投资。引导基金在创业投资机构投资战略性新兴产业企业后，按创业投资机构实际投资额的一定比例，以同等条件共同对战略性新兴产业企业进行投资，并将形成的股权委托被跟进投资创业投资机构管理。

第四章 参股创业投资企业

第十八条 满足以下条件的创业投资机构发起设立创业投资企业时，可以申请引导基金。

1. 机构主要从事创业投资或创业投资管理活动，实收资本金应在1亿元人民币（或等值外币，下同）以上或受托管理的创业投资资金不低于1亿元，且所有投资者均以货币形式出资。

2. 除国家、引导基金和区级政府出资外的其他出资人数量应多于3个（含），不超过15个（含），且其他单个出资人出资不低于1000万元。

3. 至少有3名具备5年以上创业投资或相关业务经验的专职高级管理人员。原则上高级管理人员应管理过经备案主管部门备案的创业投资企业，且管理业绩优良。

4. 高级管理人员至少有3个对战略性新兴产业企业成功投资的案例，投资所形成的股权年平均收益率不低于10%，或股权转让收入高于原始投资20%。

5. 管理和运作规范，具有严格合理的投资决策程序和风险控制机制，已建立健全业绩激励机制。

6. 按照国家企业财务、会计制度规定，有健全的内部财务管理制度和会计核算办法。

7. 没有受过行政主管机关或者司法机关重大处罚的不良记录。

第十九条 引导基金参股设立创业投资企业根据公司发起人协议、章程或合伙协议规范运作，应遵循以下原则。

1. 创业投资企业须按有关规定经工商行政管理部门登记，在备案主管部门备案，并接受监督。

2. 引导基金可采取承诺注资的方式分期到位，不先于社会资本到位，对单个创业投资企业出资额不超过1亿元，参股比例不超过30%，原则上不成为最大出资机构。

3. 投资于明确战略性新兴产业领域的资金额度不低于基金可投资规模的80%，投资于北京地区的资金额度不低于基金可投资规模的70%，投资于创业早中期阶段企业的资金额度不低于基金总规模的60%，对单个企业的累计投资不得超过基金总规模的20%。

4. 不得对已上市企业进行股权投资，但是所投资的企业上市后，创业投资企业所持股份的未转让部分及其配售部分不在此限。

5. 不得投资于其他创业投资企业，不得从事吸收或变相吸收存款、贷款、拆借，期货及金融衍生品交易，抵押和担保业务，房地产投资，赞助和捐赠以及创业投资管理部门禁止从事的其他业务。

对未按以上规定开展投资业务的创业投资企业，日常管理机构有权要求其进行调整。协调无效的，报请理事会同意后，名义出资代表将引导基金从创业投资企业中退出。

第二十条 引导基金参股设立创业投资企业的流程如下。

1. 确定方案。理事会依据本市战略性新兴产业重点领域发展需求，提出引导基金年度工作方案，报市发展改革委、市财政局审议通过后实施。

2. 公开征集。受理事会委托，日常管理机构面向社会公开征集引导基金合作创业投资机构。

3. 专家评审。评审委员会对日常管理机构初步筛选合格的机构申报材料进行评审，提出推荐意见。

4. 尽职调查。日常管理机构对评审通过的投资机构进行尽职调查，完成尽职调查报告，提出投资建议，上报理事会。

5. 社会公示。理事会根据评审委员会意见、尽职调查报告以及日常管理机构商业谈判结果，确定引导基金合作创业投资机构，并在相关媒体上予以公示。

6. 最终决策。理事会综合公开征集、尽职调查、专家评审和社会公示结果和实际情况，对引导基金参股设立创业投资企业方案进行最终决策，并上报市发展改革委、市财政局。

第二十一条 市发展改革委、市财政局委托名义出资代表与合作创业投资机构签署相关法律文件，履行工商登记手续。经理事会批准后，日常管理机构向创业投资企业派驻董事、监事或合伙委员会成员。

第二十二条 引导基金与国家以及区级政府资金共同参股设立创业投资企业中，政府资金合计出资比例不得高于创业投资企业资金总规模的40%。

第五章 跟进投资

第二十三条 满足以下条件的创业投资机构投资于战略性新兴产业企业后，可以申请引导基金跟进投资。

1. 满足本办法第十八条规定。

2. 引导基金跟进投资的战略性新兴产业企业必须为注册于北京地区的创业早中期企业，且创业投资机构投资资金已到位。

第二十四条 引导基金跟进投资须遵守以下原则。

1. 引导基金参股与跟进投资两种引导方式对同一战略性新兴产业企业原则上不重复支持。

2. 引导基金跟进投资价格不高于创业投资机构投资价格，且不超过创业投资机构实际现金出资额的50%，单笔跟进投资的额度最高为3000万元。

3. 引导基金在被投资企业的全部股权委托被跟进投资创业投资机构代理行使，但股权转让权（处置权）、参加清算权、分红取回权除外，且上述委托不得转委托。

4. 引导基金可将不超过投资收益的50%作为被跟进投资创业投资机构的效益奖励，剩余投资收益由引导基金收回。

5. 引导基金跟进投资工作流程参照参股设立创业投资企业流程，但不进行媒体公示。

第六章　引导基金的退出

第二十五条　引导基金投资形成的股权可采取以下方式退出。

1. 将股权优先转让给其他股东、合伙人或被跟进投资创业投资机构。

2. 公开转让股份。

3. 参股设立创业投资企业到期清算或破产清算。

4. 引导基金跟进投资形成的股权，可与被跟进投资创业投资机构约定回购。

第二十六条　引导基金投资形成的股权应兼顾公共财政原则和市场化运作要求，确定退出方式及退出价格。对投资于天使期和初创期项目，在退出时予以适当让利。

第二十七条　引导基金参股设立创业投资企业或跟进投资的战略性新兴产业企业，应当在公司发起人协议、章程或合伙协议中明确下列事项。

1. 在有受让方的情况下，引导基金可以随时退出。

2. 创业投资企业主要发起人或被跟进投资创业投资机构不先于引导基金退出。

3. 引导基金参股设立创业投资企业或跟进投资的战略性新兴产业企业发生破产清算，按照法律程序清偿债权人的债权后，剩余财产首先清偿引导基金。

第七章　基金的风险控制及监督管理

第二十八条　引导基金参股设立创业投资企业的经营期限满后可适当延长，最长为10年。跟进投资的最长期限为5年。

第二十九条　引导基金的闲置资金只能存放银行或购买国债。

第三十条　在符合相关法律法规规定的前提下，引导基金在参股设立创业投资企业时，应事先通过公司发起人协议、章程或合伙协议约定告知创业投资企业托管银行取消支付指令的权利，以最大限度控制引导基金的资产风险。

第三十一条　引导基金不得作为创业投资企业普通合伙人，在不干预参股设立创业投资企业正常运作前提下，应通过公司发起人协议、章程或合伙协议约定，对创业投资企业违反法律法规、偏离政策导向和违反公司发起人协议、章程或合伙协议的行为，行使一票否决权。

第三十二条　市发展改革委会同市财政局对引导基金实施监管和指导，建立完善的风险控制制度，从引导基金参股投资和参股创业投资企业项目投资两个层面构建风险防范措施，确保引导基金的规范运作和有效使用；建立绩效目标管理机制和绩效评价体系，按照公共性原则，定期对引导基金政策目标、政策效果及其资产情况进行评估；日常管理机构应接受市发展改革委、市财政局委托的第三方中介机构对引导基金日常管理与运作事务的审计检查。

第三十三条　引导基金参股设立创业投资企业和跟进投资的战略性新兴产业企业应根据业务开展情况向日常管理机构报送投资项目材料，包括项目报告、季度报告、年度报告和重大事件报告等。

第八章　附　则

第三十四条　本办法由市发展改革委、市财政局负责解释。

第三十五条　本办法自发布之日起实施。

关于对从事个体经营的有关人员实行收费优惠政策的通知

国务院各部委、各直属机构，各省、自治区、直辖市财政厅（局）、发展改革委、物价局，新疆生产建设兵团财务局、发展改革委：

为鼓励自主创业和自谋职业，进一步促进失业人员再就业工作，根据《残疾人就业条例》（国务院令第488号）、《国务院关于做好促进就业工作的通知》（国发〔2008〕5号）、《国务院关于鼓励支持和引导个体私营等非公有制经济发展的若干意见》（国发〔2005〕3号）、《中共中央办公厅 国务院办公厅关于引导和鼓励高校毕业生面向基层就业的意见》（中办发〔2005〕18号）、《国务院办公厅转发民政部等部门关于扶持城镇退役士兵自谋职业优惠政策意见的通知》（国办发〔2004〕10号）的有关规定，经国务院批准，现将对从事个体经营的有关人员实行收费优惠政策等问题通知如下。

一、登记失业人员、残疾人、退役士兵以及毕业2年以内的普通高校毕业生，凡从事个体经营（除建筑业、娱乐业以及销售不动产、转让土地使用权、广告业、房屋中介、桑拿、按摩、网吧、氧吧等，下同）的，自其在工商部门首次注册登记之日起3年内免收管理类、登记类和证照类等有关行政事业性收费。

二、上述免交的收费项目具体包括：

（一）工商部门收取的个体工商户注册登记费（包括开业登记、变更登记、补换营业执照及营业执照副本）、个体工商户管理费、集贸市场管理费、经济合同鉴证费、经济合同示范文本工本费。

（二）税务部门收取的税务登记证工本费。

（三）卫生部门收取的行政执法卫生监测费、卫生质量检验费、预防性体检费、卫生许可证工本费。

（四）民政部门收取的民办非企业单位登记费（含证书费）。

（五）人力资源和社会保障部门（原劳动保障部门）收取的职业资格证书工本费。

（六）国务院以及财政部、发展改革委批准设立的涉及个体经营的其他登记类、证照类和管理类等行政事业性收费。

（七）各省、自治区、直辖市人民政府及其财政、价格主管部门按照管理权限批准设立的涉及个体经营的登记类、证照类和管理类等有关行政事业性收费项目。

三、财政部门应统筹安排相关部门的经费预算，以保证其正常履行职责。

四、各省、自治区、直辖市人民政府及其财政、价格主管部门应制定本行政区域内支持就业工作减免行政事业性收费的具体政策措施，并报财政部、发展改革委备案。

五、各省、自治区、直辖市财政、价格主管部门要通过多种新闻媒体，向社会公布支持就业工作免收的各项行政事业性收费项目，使登记失业人员、残疾人、退役士兵、符合条件的普通高校毕业生等充分了解和享受有关收费优惠政策。

六、工商、税务、卫生、民政、人力资源和社会保障等各有关部门应督促本系统内相关收费单位认真落实上述收费优惠有关规定，加强对相关人员享受优惠政策的登记备案管理，确保符合条件的人员享受自主创业收费优惠政策。

七、各省、自治区、直辖市财政、价格主管部门要加强对上述收费优惠政策执行情况的监督检查，切实保障政策落实到位。对不按规定落实收费优惠政策的部门和单位，要按照相关法律、行政法规规定予以严肃处理。

八、本通知自发布之日起实施。

关于印发《关于进一步促进首都科技企业孵化体系建设的意见》的通知

京科发〔2013〕234 号

各有关单位：

为落实《中共北京市委 北京市人民政府关于深化科技体制改革 加快首都创新体系建设的意见》（京发〔2012〕12 号），进一步促进首都科技企业孵化体系建设，营造良好的创新创业环境，市科委、市发展改革委、市教委、市经济信息化委、市财政局、市人力社保局、中关村管委会研究制定了《关于进一步促进首都科技企业孵化体系建设的意见》。现印发给你们，请结合实际贯彻实施。

特此通知。

二〇一三年五月二十四日

关于进一步促进首都科技企业孵化体系建设的意见

为贯彻党的十八大精神，加快落实《国务院关于进一步支持小型微型企业健康发展的意见》（国发〔2012〕14 号），落实《中共北京市委 北京市人民政府关于深化科技体制改革 加快首都创新体系建设的意见》（京发〔2012〕12 号），发挥科技企业孵化体系在推动首都产业结构优化升级、经济发展方式转变、培育战略性新兴产业、促进科技成果转化及培育和吸引创新创业人才中的载体作用，以创业企业需求为导向，进一步营造良好的创新创业环境，支撑首都创新驱动发展战略，特提出以下意见。

一、提升战略优势，明确科技企业孵化体系的定位和目标

科技企业孵化体系是首都创新体系的重要组成部分，是各类科技企业孵化机构（以下简称“孵化机构”），包括孵化器、大学科技园、留学人员创业园、小企业创业基地等创业孵化载体，运用市场经济规律，与资本市场、中介服务机构及其他创新资源有机组合形成的促进科技创新创业的生态系统。

当前，北京正处于构建创新驱动发展格局的历史机遇期，全面促进科技企业孵化体系建设是提升首都科技创新能力、增强全社会创新创业活力、探索创新发展模式、把握新兴产业发展机遇的重要举措，对于率先落实国家创新驱动发展战略具有重要意义。

（一）指导思想

坚持“市场引领、分类指导、专业聚焦、质量优先”原则，以培育首都战略性新兴产业源头企业、激发科技创新创业活力为目的，以完善创新创业服务机制、优化创新创业服务环境为着

力点，以提高首都科技企业孵化体系的专业化、市场化、国际化水平为核心，发挥优势，创新模式，集聚资源，加强联动，加速首都科技成果转化，全面支撑首都战略性新兴产业和现代服务业的大发展。

（二）发展目标

总体目标：形成具有首都特色的孵化服务网络化、孵化模式多元化、服务资源国际化、服务能力专业化的科技企业孵化体系发展格局，将北京科技企业孵化体系建设成为以“孵育产业新、发展模式新”为特色的，具有全球影响力的创新创业生态网络、优质科技企业培育核心载体、高端创新创业人才聚集地、战略性新兴产业策源地。

到2015年，实现以下具体发展目标。

载体建设目标：在全市范围内打造一批国内知名、区域领先、专业特色鲜明的孵化机构。各类孵化机构数量达到150家，其中市级以上科技企业孵化机构达到80家，国家级科技企业孵化机构达到45家。

能力提升目标：依托孵化机构，集聚一批高水平的科技中介服务机构、创业投资机构以及一系列高端创业要素。市级科技企业孵化机构将基本实现公共服务平台全覆盖，50家具备天使投资或持股孵化功能，80家形成创业导师辅导体系。

孵化目标：培育一批在行业内具有影响力的高成长企业，在孵企业超过10000家，毕业企业累计超过8000家；40%在孵企业拥有自主知识产权，转化一批具有行业领先水平的原创技术；孵化机构内集聚一批高水平、高层次的创业人才，集聚“千人计划（创业类）”“海聚工程”等海外高端人才累计超过300名。

二、实施孵化网络建设工程，集聚创新创业服务资源

围绕企业“种子期—初创期—高成长期”的需求，以企业孵化为核心，以孵化器为基础，对接加速器、产业园，打造“创业苗圃—孵化器—加速器—产业园”的孵化链条，形成以孵化机构为节点，涵盖研发试验、科技金融、科技中介、创业导师等要素的全方位、多层次的孵化服务网络。

（一）推动新建一批孵化机构

区县应结合自身资源禀赋、产业定位和规划布局，加强孵化机构建设；鼓励各类有条件的企业利用闲置存量房产建设孵化机构；鼓励平台型企业、成功企业家和天使投资人建设孵化机构，为创业企业提供优质服务。

（二）加强“创业苗圃”建设

支持孵化机构建立“创业苗圃”，进一步降低科技创业门槛。“创业苗圃”以科技成果（创意）为孵化对象，科技创业者或创业团队在注册成立企业前可入驻“创业苗圃”，接受预孵化服务。依托“创业苗圃”实现孵化机构与天使投资机构（人）的有机结合，为创业者完善科技成果（创意）、制订商业计划提供公共服务，帮助其将科技成果（创意）转化并创办企业。

（三）推进科技企业加速器建设

支持科技企业孵化机构、产业园区充分结合区域产业定位，建立服务于高成长企业发展的科技企业加速器。科技企业加速器以完成孵化阶段的高成长性科技型中小企业为服务对象，为高成

长性科技型中小企业的快速发展提供空间和配套服务，进一步提升孵化机构对全市技术创新及经济社会发展的贡献。

（四）引导孵化机构与产业园区建立合作

鼓励孵化机构与产业园区建立合作关系、探索链接机制，充分利用产业园区的资源为企业提供后续的发展空间、专业技术、市场拓展、信贷担保、风险投资及上市辅导等专业服务，为创业企业的进一步发展搭建对接平台。

（五）完善研发试验服务平台

支持孵化机构通过自建或与高等院校、科研院所、大型企业等联合共建的方式，搭建研发试验服务平台；支持市场化的中试基地建设，面向创业企业开展中试熟化、检验检测、技术集成等专业服务，提升项目和企业孵化能力；支持孵化机构与首都科技条件平台建立合作关系，为在孵企业提供首都科技条件平台研发试验服务，满足企业技术研发需求。

（六）推进孵化机构科技金融服务平台建设

支持孵化机构加强与全市科技金融服务工作的对接，搭建金融机构与孵化机构内科技型中小微企业之间的桥梁，探索与银行等金融机构建立符合科技型中小微企业特点的金融产品，有效引导银行、担保公司、再担保公司、保险公司等金融机构关注科技型中小微企业群体，并开展相关服务。

鼓励孵化机构联合社会资本成立投资基金，吸引天使投资、创业投资、创业服务平台等广泛参与，为优秀项目和优秀企业提供孵化服务。

（七）完善科技中介服务平台

支持孵化机构联合专业知识产权、技术转移、科技咨询、律师事务所、专业会展等中介服务机构，拓宽孵化机构的服务内容、提升服务质量，满足创新创业企业多方面的需求。

（八）加强创业导师建设

建立多层次创业导师服务队伍，完善“联络员＋辅导员＋创业导师”的孵化机制，为创业者和创业企业提供专业的创业辅导，降低创业风险、提高创业成功率。

三、实施孵化模式创新工程，构建孵化机构多元化发展格局

依托孵化机构的自身优势，发挥资源整合能力，创新发展模式，探索特色发展，提高本市孵化机构的市场化水平和发展质量。

（一）鼓励孵化机构探索特色发展模式

鼓励孵化机构利用技术、资金、市场等优势，建立以专业技术服务、创业指导服务、技术转移服务、天使投资服务和市场拓展服务等为特色的孵化服务机制，形成各具特色的孵化服务模式，走孵化服务多元化发展道路。

（二）鼓励孵化机构探索“孵化＋创投”的发展模式

引导孵化机构提升投资服务能力，探索“孵化＋创投”的孵化发展模式。在孵化机构各项

服务的基础上，利用各种渠道搭建“天使投资网络”，提高投资收益在孵化机构服务收入中的比重。

（三）支持创新型孵化器快速发展

支持商业模式新、运行机制灵活、资源聚集度高的创新型孵化器和创业服务平台的快速发展，为创业者提供沟通合作、创业辅导、投融资对接、团队融合、项目推介、信息交流等服务，为创业者、创业团队和创业企业提供新型创业孵化平台，加快实现“从想法到公司”的转变。

（四）鼓励孵化机构连锁化发展

鼓励服务模式先进、孵化经验丰富、有实力的孵化机构在本市或全国其他地区建设分园、孵化基地，推广其先进的服务模式，为本市以及全国孵化机构的整体能力提升做出贡献。

鼓励服务模式先进的孵化机构与国内其他地区的孵化机构开展合作，定期举办交流活动，输出管理和服务，提升北京孵化机构在国内的影响力。

（五）加强各类孵化机构的协同合作

鼓励具有特色优势的孵化机构之间建立协作网络，加强服务交流；加强创新型孵化器、各类孵化机构之间的资源对接，引导孵化机构承接创新型孵化器的项目落地入孵。初步形成各类孵化机构信息互动频繁高效、优质资源互补的新局面。

四、实施产业孵育工程，提升孵化机构产业培育水平

围绕全市战略性新兴产业布局，支持孵化机构聚焦优势专业领域，加强专业服务能力建设，提升专业化水平，提高原创产业培育能力，增强对战略性新兴产业发展的支撑作用。

（一）加强战略性新兴产业领域孵化机构的布局

围绕本市重点发展的战略性新兴产业领域，结合区县自身产业布局特色，在新一代信息技术、生物医药等孵化机构发展相对成熟的领域，鼓励相关区县重点发展专业型和创新型孵化机构，提升孵化机构的产业培育能力，打造具有一定规模的新兴产业集聚区；在新能源、节能环保、新能源汽车、新材料、高端装备制造、航空航天等领域，鼓励有条件的区县新建一批专业孵化机构，培育一批符合本区域产业发展定位的科技型创新创业企业。

（二）提升专业技术服务能力

引导孵化机构依据自身产业定位，积极与第三方研发服务机构、平台型企业、解决方案提供商、产业技术联盟等服务机构开展合作，为在孵企业的研发、产品构建、市场运营等提供专业服务，降低企业技术创新成本，优化提升孵化机构的产业培育能力。

（三）探索专业技术人才培养新渠道

支持孵化机构围绕战略性新兴产业的各个领域，面向创业企业需求，吸引相关技术领域的专业型服务人才；支持孵化机构与高等院校、科研院所建立联系，开展合作，为创业企业提供专业的人力资源服务。

（四）引导孵化机构承接高校院所成果转化

支持孵化机构与高等院校、科研院所、技术转移机构等建立合作关系，承接科技成果转化项目落地；支持有能力的在孵企业与高等院校、科研院所加强技术合作，转移转化一批新技术。

（五）加快战略性新兴产业孵育基地建设

围绕本市重点发展的战略性新兴产业领域，结合区域产业布局，打造一批产业特色鲜明的孵育基地，鼓励基地汇聚各类创新资源，建立优秀初创企业的发掘、培养机制，加强对原创企业的培育；针对孵育基地的在孵企业，在北京市科技型中小企业技术创新资金中安排资金，支持企业技术创新项目，加快培育一批战略性新兴产业“源头”企业，加速形成全市战略性新兴产业集群。

五、实施国际化发展工程，链接全球创新资源

加快“走出去”和“引进来”步伐，加强与国际孵化器组织的合作交流，提升本市孵化机构全球创新资源集聚能力。

（一）推进孵化机构国际化发展

支持孵化机构依托“国际技术转移中心”“中意技术转移中心”“中美企业创新中心”等科技合作载体，通过合作共建、资源共享等多种方式在本市建设国际企业孵化机构；鼓励并支持有条件的孵化机构在海外建设分支机构，提升孵化机构吸纳全球高端创业项目和团队的能力，搭建企业国际化发展平台。

（二）加快引进一批国外先进孵化机构

鼓励境外机构通过股权投资等形式在本市设立国际企业孵化机构，支持各类孵化机构建立渠道、引进一批国外服务模式先进的孵化机构或投资基金，带动本市孵化机构模式创新，加快孵化机构发展国际化步伐。

（三）支持孵化机构与国际技术转移机构开展合作

支持孵化机构与国际技术转移机构建立对接，开展技术交易及国际技术转移服务，引进一批国际领先的原创技术落地北京，助力孵化机构内创业企业技术保持国际领先水平，提升孵化机构全球创新资源聚集能力。

（四）支持孵化机构与国际孵化器协会组织开展合作

支持孵化机构与美国企业孵化器协会、亚洲企业孵化器协会等国际孵化器协会组织开展合作，积极参与协会组织的各种交流活动，促进本市孵化机构与全球孵化机构之间的信息交流和项目合作。鼓励在孵企业参与国际孵化机构及行业组织的培训、展示、评选等活动，提升企业知名度，拓展企业国际化视野。

（五）鼓励孵化机构大力吸引高端创新创业人才

鼓励孵化机构吸引国家“千人计划”、北京市“海聚工程”、中关村“高聚工程”等人才计划入选人员及团队，吸引海内外高端顶尖人才到北京创业，依托北京市科技新星计划、“科技北京”百名领军人才培养工程等人才培养计划，培养和聚集一批优秀创新人才和产业领军人才，

提升孵化机构的全球创新资源聚集能力。

六、健全工作机制，完善组织保障

（一）加强组织实施

加强全市统筹协调，市科技、发展改革、教育、经济信息、财政、人力社保、税务等相关部门，建立沟通协调机制，研究解决科技企业孵化体系建设工作中的问题，协调落实相关政策；坚持“市区联动，合作共建”的原则，各区县应高度重视科技企业孵化体系建设，加大对孵化机构的支持力度，形成促进孵化体系全面发展的合力。

（二）完善政策体系

加快研究促进现阶段各类孵化机构发展的政策措施，制定与天使投资、技术转移、知识产权等相关的突破性政策。

对于符合条件的科技企业孵化器，可申请认定为市级科技企业孵化器。经认定的市级科技企业孵化器和在孵企业可享受相关政策支持。对于经认定的市级科技企业孵化器，优先认定为小企业创业基地、留学生创业园等，给予联合支持，全面推进本市孵化器建设。对于符合国家级条件的孵化器，积极推荐申请国家级科技企业孵化器认定。

落实国家级科技企业孵化器的税收优惠政策；鼓励符合条件的孵化机构参与高新技术企业认定，享受相关政策优惠。

（三）加大资金支持

加大对孵化机构建设的资金支持力度，重点用于支持孵化机构提升专业服务能力、搭建创业服务平台、创新服务模式、探索国际化发展路径、培育专业孵化管理人才等；鼓励各区县设立专项资金，支持孵化机构建设和能力提升。加强市区两级资金的统筹联动。

（四）完善评价机制

完善市级科技企业孵化器和战略性新兴产业孵育基地的认定体系，建立对市级科技企业孵化器发展绩效的考核指标体系；组织开展市级科技企业孵化器发展绩效评价，实施对市级科技企业孵化器的动态管理和退出机制；构建符合本市孵化机构发展规律的社会化评价体系，提高孵化机构评价的科学性。

（五）发挥社会组织作用

进一步发挥孵化器行业协会等孵化机构相关社会组织的桥梁、纽带作用，建立服务全市孵化机构发展的信息平台，举办交流、研讨等活动，推广先进典型，发挥示范引领作用，促进孵化机构之间合作交流，塑造北京孵化机构品牌，大力营造全市创新创业氛围，扩大首都创业孵化体系的社会影响力。

（六）加强宣传和培训工作

加强宣传，打造首都科技企业孵化体系品牌影响力。加强对孵化机构管理人员、服务人员和创业者三个层次的培训，通过定期举办孵化器培训班，不断提高孵化机构从业人员的管理水平和服务能力。

顺义区人民政府关于印发《顺义区促进文化创意产业发展若干意见（试行）》的通知

顺政发〔2010〕44 号

各镇人民政府，地区和街道办事处，区政府各委、办、局，各区属机构：

《顺义区促进文化创意产业发展的若干意见（试行）》已经 2010 年 9 月 15 日区政府专题会议和 9 月 20 日第 31 次区委常委（扩大）会议讨论通过，现印发给你们，请认真依照执行。

二〇一〇年九月二十九日

顺义区促进文化创意产业发展的若干意见（试行）

第一条 为加快我区文化创意产业发展，提升文化创意产业在全区经济、社会发展中的地位，根据《北京市促进文化创意产业发展的若干政策》（京办发〔2006〕30 号）和顺义区“十二五”时期文化发展规划重点，结合本区实际，制定本意见。

第二条 本意见中文化创意产业是指按市统计局、国家统计局北京调查总队《关于印发〈北京市文化创意产业分类标准〉的通知》（京统发〔2006〕154 号）中确定的文化艺术，新闻出版，广播、电视、电影，软件、网络及计算机服务，广告会展，艺术品交易，设计服务，旅游、休闲娱乐及其他辅助服务等行业。

第三条 结合区域文化创意产业发展实际，重点支持广告会展、设计创意、高端出版印刷、时尚体育休闲等行业，同时鼓励引导其他行业全面发展，努力形成文化创意产业蓬勃发展的良好局面。凡属于《北京市文化创意产业分类标准》中确定的行业，并在我区完成工商注册、税务登记、统计登记的企业以及经认定符合条件的项目，可享受本意见中的相关政策。

第四条 围绕重点行业，积极开展招商引资，鼓励区外优质高端文化创意产业经营单位和人才入区发展；鼓励本区企事业单位及人才，利用一切符合文化创意产业生产规律的经营方式和组织形式，发展文化创意产业。

第五条 在落实国家、北京市促进文化创意产业发展的税收优惠的基础上，对新入驻我区的文化创意企业，自开业年度起，每年纳税形成的地方财政留成部分达到 50 万元（含）以上的，按其地方财政留成额度给予补贴支持，第一年给予 70% 补贴，第二年给予 50% 补贴，第三年给予 30% 补贴，年度补贴额度最高不超过 3000 万元。补贴支持资金按照现行财政体制落实。

第六条 设立顺义区文化创意产业发展专项资金。自 2011 年起，每年安排 1000 万元的文化创意产业发展专项资金，扶持区内具有发展前景和导向意义的、自主创新的、拥有自主知识产权的、具有良好经济社会效益的企业和项目。每年开展项目征集、行业评审、专家论证、财政审核等工作，对通过评审并经区文化创意产业发展领导小组确认的文化创意企业和项目采用贷款贴息、补助、奖励等方式给予支持。具体方式如下。

（一）对区内获商业银行贷款的文化创意项目，在其贷款期限内，按其已支付利息额度，给予不高于50%的贴息补助，贴息额最高不超过50万元。

（二）对区内重点文化创意产业项目，在其实施期内，给予不高于项目总投资30%的补助，补助额最高不超过100万元。

（三）对获得国际级奖项或称号的驻区文化创意企业，给予一次性奖励10万至20万元；对获得国家级奖项或称号的驻区文化创意企业，给予一次性奖励5万至10万元；对获得省部级奖项或称号的驻区文化创意企业，给予一次性奖励1万至5万元。

（四）积极鼓励和组织优质企业和项目申请国家和市级资金支持。对通过市级文化创意产业发展专项资金综合评审但未实际获得市级资金支持的项目，给予一定额度的资金扶持。

第七条　积极推进文化创意产业集聚发展，打造以广告会展、工业设计为核心的具有国际国内竞争力的市级文化创意产业集聚区。建设一批定位准、特色强、功能新的文化创意产业发展带和特色区，规范和认定一批区级文化创意产业集聚区，并在项目扶持、基础设施建设等方面给予一定支持。

第八条　充分发挥区文化创意产业发展领导小组的统筹协调作用，建立健全产业发展的推进机制。领导小组成员单位具体负责各自职责范围内的政策执行。各镇、经济功能区要进一步完善文化创意产业发展领导机构和工作体系。

第九条　建立健全文化创意产业统计制度和指标体系，定期发布相关统计数据，及时准确地跟踪监测和分析研究区内文化创意产业发展状况。

第十条　建立健全文化创意产业公共服务平台，为驻区文化创意企业提供政策咨询、项目推介、信息发布、培训辅导、产权保护等服务；建立文化创意企业绿色通道，对重大项目实行全程代办，为文化创意企业和项目的注册、登记、审批等提供方便快捷的服务。

第十一条　引导和鼓励区内各类金融机构对符合国家产业政策的文化创意企业予以信贷和担保支持。对支持文化创意企业的信贷机构、担保机构将参照其贷款或担保额度给予一定的奖励。

第十二条　对文化创意产品与服务的政府采购，在同等条件下优先选择区内文化创意企业的自主创新产品与服务。

第十三条　加快文化创意产业人才队伍建设，积极吸引高端人才服务产业发展，对从区外引进、聘用的高层次管理人才、技术人才、营销人才等，在户籍办理、子女入学、就医保障等方面提供支持。鼓励开展文化创意人才的对外交流。

第十四条　鼓励和支持驻区企业、区属中等职业学校、高等职业学院及社会培训机构建设文化创意产业人才培养基地，认定一批文化创意产业人才培养基地。凡在认定的基地培训后取得高级（或相当）资格证书，且在区内就业的，对培养基地给予一定的奖励。

第十五条　加强本区文化创意产业的整体宣传和推广，通过参加博览会、招商推介、人才评选等活动，提升区内重点文化创意企业和突出贡献人才的影响力和知名度，促进产业快速发展。

第十六条　对在国内外具有重要影响的或是对本区发展具有战略性带动作用的新入区文化创意企业，实行一事一议，由区政府确定资助条件和方式。

第十七条　国家、北京市相关政策与本意见同时适用。如企业符合相关条件，同时适用区内其他相关政策的，可择优适用，不重复享受。

第十八条　本意见自2010年11月1日起施行。如遇国家及北京市相关政策调整变化，本意见随之调整。本意见的实施细则、配套措施将由区文化创意产业促进办公室会同相关部门一并研究制定。

顺义区文化委员会 顺义区财政局 顺义区文化创意产业促进办公室关于印发《顺义区促进文化创意产业发展的若干意见实施细则》的通知

顺文字〔2011〕3号

各镇人民政府，地区和街道办事处，区政府各委、办、局，各经济功能区：

为更好地落实《顺义区促进文化创意产业发展的若干意见（试行）》（顺政发〔2010〕44号），经区政府主管领导同意，现将《顺义区促进文化创意产业发展的若干意见实施细则》印发给你们，请认真依照执行。

附件：《顺义区促进文化创意产业发展的若干意见实施细则》（汇编）

二〇一一年一月十七日

附件：

顺义区促进文化创意产业发展的若干意见实施细则（汇编）

目录

顺义区促进文化创意产业发展的若干意见实施细则（试行）

第一条 为大力发展顺义区文化创意产业，落实《顺义区促进文化创意产业发展的若干意见（试行）》（顺政发〔2010〕44号）（以下简称《若干意见》），特制定本实施细则。

第二条 顺义区重点发展广告会展、设计创意、高端出版印刷、时尚体育休闲等在区内有一定发展基础和优势的文化创意产业行业，同时鼓励引导文化旅游、广播影视、文艺演出、动漫游戏、创意农业、古玩艺术等其他文化创意产业行业的全面发展。

第三条 文化创意企业应具备以下条件。

（一）在顺义区内注册、纳税，具有独立企业法人资格，并在顺义区统计登记的企业。

（二）企业属于《北京市文化创意产业分类标准》中确定的行业，从事或主要从事文化创意产业研发、生产、服务等。

（三）企业管理层有较高经营管理水平，有较强的市场开拓和持续创新能力。

（四）有健全规范的财务管理体系，经营中诚实守信、遵纪守法，没有违法违规行为。

第四条 文化创意项目应具备以下条件。

（一）符合顺义区文化创意产业重点发展方向，创新性较强，技术含量高，知识产权清晰。

（二）产品或服务有明确的市场需求和较强的市场竞争力，可以产生较好的经济效益和社会效益。

第五条 新入驻我区的文化创意企业是指《若干意见》生效之日起由区外迁入或区内新增并在顺义区工商部门注册，完成国税、地税、统计登记的企业。

第六条 新入驻我区不满一个财政年度的文化创意企业，入驻当年纳税实现地方财政留成未达到50万元的，可以将入驻第二年视同为开业年度，并从视同开业年度起按照《若干意见》第五条的规定落实财政补贴。

第七条 对申请《若干意见》第五条财政补贴资金的企业，应当在每年4月30日前报送《顺义区新增文化创意企业财政补贴申请表》（附件1），向顺义区文化创意产业促进办公室（以下简称"区文化创意办"）提出申请，逾期视同放弃。区文化创意办受理申请并审核资格通过后，转由区镇财政部门确认企业年度纳税形成的地方财政留成额度，落实相关补贴，并报区文化创意办备案。申请企业须提交以下材料。

（一）企业税收地方留成专项补贴申请报告。

（二）企业缴纳税收凭证复印件。

（三）征税机关出具的企业实际缴纳税收金额证明。

（四）企业对报送材料真实性的责任声明。

第八条 顺义区设立文化创意产业发展专项资金（以下简称"专项资金"），重点扶持具有发展前景和导向意义的、自主创新的、拥有自主知识产权的、具有良好社会效益、经济效益的企业和项目。

第九条 专项资金的管理遵循公开、公正、公平、专款专用、突出重点、讲求实效的原则。根据企业的不同特点和项目所处的不同阶段，专项资金采取贷款贴息、补助、奖励等方式。

第十条 区文化创意办根据专项资金年度支持方向、支持重点，每年公开征集区文化创意产业项目。在区内发布年度专项资金项目征集公告及申报指南，组织相关部门对申报项目的示范性、合规性、创新性等方面进行综合评审。符合《若干意见》中有关专项资金支持标准的企业或项目，应当报送《顺义区文化创意产业发展专项资金申请书》并提交区文化创意办审定。评审组由区文化创意产业发展领导小组有关成员单位及有关方面的专家组成，必要时可委托有资质的中介机构进行评估。评审组意见作为确定每年支持项目的主要依据，经区文化创意产业发展领导小组审议确定，相关结果将予以公布。具体操作规程，参见《顺义区文化创意产业发展专项资金项目管理操作规程（试行）》（附件2）。

第十一条 有下列情形之一的，专项资金不予支持。

（一）知识产权有争议的。

（二）项目单位因违法行为正在接受有关部门调查的。

（三）申请资金主要用于项目房屋、土地等基础设施建设的。

（四）应由区政府其他资金支持的。

第十二条 专项资金对通过综合评审的文化创意企业和项目采用贷款贴息、补助、奖励等方式给予支持。具体方式如下。

1. 贷款贴息项目：对处于成长期文化创意企业的项目，采取贷款贴息方式鼓励企业或单位，通过银行信贷资金完成项目的技术改造、成果转化、知识产权开发、国际市场开拓等。贷款贴息方式为先付后贴，即项目实施单位已向贷款银行支付利息后，专项资金再予以贴息支持，贴息期限最长不超过2年。最终给予不超过50%的贴息补助，贴息额最高不超过50万元。同一项目的贷款，只能申请一次专项资金贴息支持。

2. 补助项目：对文化创意产业核心技术研发、公共服务平台建设项目以及在推动产业发展等方面有重要引导作用的项目，且项目属于以自有资金投资为主的，可申请在项目实施期内给予补助，补助比例不超过项目总投资的30%，补助额最高不超过100万元。

3. 奖励项目：对驻区文化创意企业在优秀文化产品获奖、优秀文化出口项目、自主知识产权产品出口、列入《国家文化出口重点企业目录》《国家文化出口重点项目目录》以及开展文化创意活动等方面做出突出贡献的给予奖励。对获得国际级奖项或称号的驻区文化创意企业，给予不超过已经获得的奖励金额的50%，且不低于10万元的一次性奖励，最高一次性奖励金额不超过20万元。对获得国家级奖项或称号的驻区文化创意企业，给予不超过已经获得的奖励金额的50%，且不低于5万元一次性奖励，最高一次性奖励金额不超过10万元。对获得省部级奖项或称号的驻区文化创意企业，给予不超过已经获得的奖励金额的50%，且不低于1万元一次性奖励，最高一次性奖励金额不超过5万元。对获得上述奖项或称号，授予单位不进行资金奖励的，按照最低限额给予上述企业奖励资金。

第十三条 对区内文化创意项目通过北京市文化创意产业发展专项资金行业初审和评审组评审，但未实际获得资金支持的，专项资金将根据该项目申请方式和市级综合评审意见，给予一定额度的扶持。未通过市级行业初审或评审组评审的，将不予扶持。

第十四条 区文化创意产业发展领导小组办公室负责资金管理工作中重要事项的研究、审议和决策。区文化创意办负责编制预算计划，组织年度文化创意产业项目征集、评审工作，以及对获专项资金支持项目的管理工作。区财政局负责对专项资金的使用情况进行监督检查，对参评项目进行预算审核，同时对重大项目进行绩效考评。获专项资金支持的项目参照《顺义区文化创意产业重点项目监督管理办法（试行）》（附件3）中有关规定进行管理。

第十五条 《若干意见》第七条所指的集聚区，是指区内经市文化创意产业领导小组认定的市级文化创意产业集聚区和经区文化创意产业发展领导小组认定的区级文化创意产业集聚区。集聚区申报的公共服务、技术平台类等项目，可在专项资金项目评审时优先考虑。区级文化创意产业集聚区的认定办法参见《顺义区文化创意产业集聚区认定和管理办法（试行）》（附件4）。

第十六条 建立健全顺义区文化创意产业公共服务平台，为驻区文化创意企业提供政策咨询、培训辅导、项目推介、信息发布、沟通交流等服务。与市级文化创意产业投融资服务平台开展对接，积极为区内文化创意企业和项目融资提供服务。建设信息化服务平台，开设顺义区文化创意网。

第十七条 鼓励驻区金融机构开展文化创意企业无形资产权利质押业务，为区内文化创意企业提供信贷支持。支持驻区担保机构为区内文化创意企业的融资提供担保。引导和鼓励具备条件的区内文化创意企业向驻区金融担保机构申办文化创意类贷款及担保。

第十八条 对为区内文化创意企业提供担保的驻区担保机构，参照其年度实际提供担保总额给予一定担保费用奖励，奖励额最高不超过50万元。申请奖励的担保机构，应当在每年3月1日前报送《顺义区支持文化创意企业担保机构奖励申请书》，向区文化创意办提出申请，逾期视同放弃。区文化创意办经与相关部门核实后，签订《顺义区支持文化创意企业担保机构奖励协议书》，按程序发放奖励资金。

第十九条 驻区担保机构担保的同一项目或同一笔贷款只能申请一次奖励。涉及房屋、土地等基础设施建设的项目或合同不享受本政策。

第二十条 区文化创意办负责组织区级文化创意产业人才培养基地的认定工作，参见《顺义区文化创意产业人才培养基地认定和管理办法（试行）》（附件5）。对经认定的人才培训基地，参照其培训后获得高级（或相当）资格证书且在区内文化创意产业企业实现就业的人员数量，给予培养基地一定的培训费用补贴，补贴的额度最高不超过20万元。对于申请补贴的人才培训基地，应当在每年3月1日前报送《顺义区文化创意产业人才培训基地财政补贴申请书》，经与相关部门核实后，签订《顺义区文化创意产业人才培训基地财政补贴协议书》，按程序发放补贴资金。

第二十一条 对于虚报、冒领、截留、挪用、挤占专项资金等违反财经法律法规的行为，经区文化创意产业发展领导小组认定后，收回全部资金，3年内不再受理该企业的任何项目申请；项目无故中止，区财政局将收回部分或全部专项资金。

第二十二条 本实施细则自发布之日起施行。

附件1：

顺义区新增文化创意企业财政补贴申请表

申请企业基本信息	（1）企业名称	
	（2）企业地址及注册地点	
	（3）企业类型	□内资　□港澳台资　□外资
	（4）企业所属行业	□文化艺术　□新闻出版　□广播、电视、电影 □广告会展　□软件、网络及计算机服务　□文化旅游 □设计服务　□艺术品交易　□其他
	（5）企业注册日期	
	（6）企业注册资金	
	（7）企业员工数量（本区户口员工数量）	
企业纳税情况	（1）上一年度纳税情况	
	（2）申请补贴数额	

企业法人（签字）：________________　联系人：________________

联系电话（手机）：________________　（座机）：________________

联系地址及邮编：________________________________

电子邮箱：________________　填表日期：________________

专项补贴申请报告编制要点

一、申报单位基本情况（单位成立时间、注册资本、股东及性质、持股比例、财务状况等）。

二、申报单位情况介绍及取得的社会效益、经济效益情况。

三、申报单位基础条件分析（包括专业技术及管理人员、资金筹措情况、场地设备硬件环境、知识产权开发利用、前置审批手续办理等方面的条件分析）。

四、申报单位在文化创意产业领域的自我评鉴。

五、连同报告需要附上以下相关资料。

1. 企业营业执照的复印件。
2. 企业缴纳税收凭证复印件。
3. 征税机关出具的企业实际缴纳税收金额证明。
4. 企业年度财务报表。
5. 国税、地税统计登记证复印件。

附件2：

顺义区文化创意产业发展专项资金项目管理操作规程（试行）

第一章 总 则

第一条 为落实《顺义区促进文化创意产业发展若干意见（试行）》（顺政发〔2010〕44号），做好顺义区文化创意产业发展专项资金（以下简称“专项资金”）支持项目评审工作，明确规程，规范操作，制定本管理操作规程。

第二条 申请专项资金扶持的区内文化创意企业和项目适用本规程。

第二章 公开征集阶段

第三条 顺义区文化创意产业促进办公室（以下简称“区文化创意办”）根据市级文化创意产业发展专项资金年度扶持重点，结合顺义区文化创意产业发展的特点和实际，每年面向全区公开征集区文化创意产业重点项目。

第四条 区文化创意办于每年7月至8月，通过区内主要媒体发布年度专项资金项目征集公告及申报指南，明确申报条件、申报要求、申请方式。

第三章 申报受理阶段

第五条 年度专项资金项目征集公告发布后，具备条件的文化创意企业和项目依据申请方式填报《顺义区文化创意产业发展专项资金申请书》，按照项目单位工商登记注册所在地，到所在镇、街道、功能区受理部门递交申报材料。

第六条 各镇、街道、功能区受理部门在申报受理截止日后5个工作日内将项目单位申报材料汇总整理后报送区文化创意办。

第七条 区文化创意办核查申报资料是否完整、齐备，形式合格的，出具受理回执并登记；形式不合格的，解释并要求补充完备。

第四章 行业评审阶段

第八条 区文化创意办对正式受理的项目组织行业评审。

第九条 行业评审采取相关行业项目集中评审的原则，由区文化创意办、区相关行业管理部门工作人员组成评审小组，对申报项目进行评价，并聘请区财政局和区审计局人员对项目考察评价的过程进行监督。

第十条 行业评审应包含以下内容：（1）项目是否符合国家、北京市法律法规及区文化创意产业发展规划和相关产业政策；（2）项目是否符合申报指南中规定的重点支持方向；（3）项目实施是否需要行政前置审批；（4）项目单位是否具备实施项目所需相应资质；（5）项目是否涉及基础设施建设；（6）项目预算资金是否合理；（7）其他有关情况。

第十一条 行业评审将依据评审标准采取评审小组人员集体讨论的原则，对申报项目进行评议，按优、良、差分3个等级对各项目给出综合性评价意见。

第五章 实地考察阶段

第十二条 区文化创意办对通过行业评审的项目进行实地考察。

第十三条 实地考察采取相关行业项目阶段性集中考察的原则，由区文化创意办、区相关行业管理部门工作人员以及行业领域专家组成考察小组，对申报项目进行考察评价。

第十四条 实地考察应包含以下内容：（1）项目申请单位申报材料与实地考察情况的吻合程度；（2）项目单位的综合情况（包括过往业绩、股东背景、所处行业地位和承担企业主要负责人、项目负责人的业务以及综合素质）和项目具体进展程度；（3）项目的产业属性、创新性及市场前景；（4）固定资产和知识产权的归属性以及价值评价；（5）管理与机制的保障性；（6）经费预算的合理性以及项目生产的经济效益和社会效益评价；（7）其他有关情况。

第十五条 实地考察评价采取考察小组人员集体讨论的原则，对申报项目进行评议，依据评审标准，按优、良、差分 3 个等级对各项目给出综合性评价意见。

第六章　综合评审阶段

第十六条 区文化创意办对通过实地考察的项目进行综合评审。

第十七条 综合评审采取会议评审的方式，由区文化创意办、区相关行业管理部门以及行业领域专家组成综合评审小组，对申报项目进行评议。

第十八条 综合评审应包含以下内容：（1）项目的政策合规性；（2）项目的创新性；（3）项目组织实施的能力和条件；（4）项目的经济效益；（5）项目的社会效益；（6）项目预算申报审核；（7）其他有关情况。

第十九条 综合评审主要方式包括：（1）项目负责人对申报项目内容进行陈述（陈述时间不超过 10 分钟）；（2）项目单位对申报项目进行答辩（回答并解释综合评审小组成员的提问）；（3）综合评审小组对申报项目进行评议，依据评审标准，按优、良、差分 3 个等级对各项目给出综合性评价意见，并提出建议扶持金额。

第二十条 综合评审小组人员应对评价意见签字确认。对经审核通过的申报项目，由区文化创意办拟定项目扶持资金的初步意见报区文化创意产业发展领导小组办公室（以下简称“领导小组办公室”）审定。

第七章　领导小组办公室评审

第二十一条 领导小组办公室集中对经过行业评审、实地考察和综合评审的申报项目进行评审。评审人员由领导小组办公室成员组成。区文化创意办将每次评审会的评审情况进行记录备案。

第二十二条 对申报项目进行评审。评审办法：（1）由区文化创意办介绍申报项目情况；（2）对申报项目进行评议；（3）对申报项目进行举手表决（要求实际参加评审会的成员总数超过应到会成员总数的 1/2，组长或副组长其中要求 1 人到会，超过半数人员赞成方为通过该项目评审），通过资金扶持计划。

第八章　资金落实及拨付

第二十三条 区文化创意办将领导小组办公室审定通过的项目在区内主要媒体进行公示，公示期 5 天。

第二十四条 区文化创意办收集项目公示的反馈信息，并负责组织对信息进行调查、核实，提出处理意见和建议，报领导小组办公室审议。经公示没有异议的扶持项目，区文化创意办会同区财政局联合下达资金扶持计划。获批准的扶持项目申请人与区文化创意办签署《顺义区文化创意产业发展专项资金使用协议》（以下简称“协议”）。区财政局依照协议的有关规定，按扶持项目的进度办理拨付手续。

第二十五条 区文化创意办对领导小组办公室审定不通过的项目，应告知项目申请单位。

第九章 项目验收与绩效评估

第二十六条 区文化创意办应定期跟踪扶持项目及企业的建设进展情况，项目完成后，及时要求专项资金使用单位提交年度专项资金使用情况和项目执行情况的总结报告，包括以下材料：（1）项目实施总结报告；（2）项目成果资料或证明；（3）其他有关材料和经费决算表。

第二十七条 项目验收以协议文本约定内容和确定的考核指标为基本依据，区文化创意办应对验收申请材料进行认真审查，如有必要，还应通过现场调研或聘请中介机构等方式对项目进行审查验收。

第二十八条 区文化创意办定期对获得扶持的企业进行绩效评估。绩效评估的内容应包括：（1）该单位的经营收入、科研投入、缴税、创造就业等指标是否有明显的增长；（2）该单位是否取得了一定质量、数量的自主知识产权和品牌；（3）该单位受扶持项目是否按计划进度取得了实质性进展；（4）项目实施的组织管理经验等。

第二十九条 项目验收报告和绩效评估报告应及时报送区财政局，同时，区文化创意办归档以作为扶持项目申请人再次申请扶持的重要评审依据。

第三十条 每年年底或下年年初，区文化创意办应撰写专项资金年度运作总结报告和年度预决算报告，报送领导小组办公室和区财政局审核。

第十章 附 则

第三十一条 本操作规程自发布之日起施行。

附件3：

顺义区文化创意产业重点项目监督管理办法（试行）

第一章　总　则

第一条　为规范和加强顺义区文化创意产业重点项目（以下简称“重点项目”）的管理，提高专项资金使用的经济效益和社会效益，促进我区文化创意产业发展，根据《北京市文化创意产业发展专项资金管理办法（试行）》（京财文〔2006〕2731号）和《顺义区促进文化创意产业发展的若干意见（试行）》（顺政发〔2010〕44号）的有关规定，制定本办法。

第二条　本办法中所指的重点项目是指获得北京市文化创意产业发展专项资金支持项目及顺义区文化创意产业专项资金支持项目（包括财政补贴、贷款贴息、奖励、担保等资金支持方式）。

第三条　顺义区文化创意产业发展专项资金支持项目监督管理以加强项目执行过程控制，确保项目发挥应有社会效益、经济效益为原则。主要任务是对下达资金支持计划后的资金到位及使用、项目实施、成果转化等进行跟踪监管。

第四条　顺义区文化创意产业领导小组办公室委托顺义区文化创意产业促进办公室（以下简称“办公室”）按照市区相关要求，通过中期检查、年度进展报告和结题验收等方式对重点项目单位进行跟踪和动态管理。

第二章　重点项目管理的主要内容

第五条　依据有关法规和政策，配合市财政局、领导小组对获市文化创意产业发展专项资金支持项目的全过程及其效果实施，做好全方位监督管理。

第六条　重点项目管理的主要内容包括：实施总计划的制订；配套资金的到位情况；政府专项资金的使用情况；实施进度；中期检查评估；年度进展报告；风险控制；完成验收；效益分析及评估等。

第三章　实施与管理

第七条　办公室在项目实施前须就专项资金的资助金额、经费使用范围、拨款方式、各方的权利与义务等与专项资金资助方签订协议书或承诺书。

第八条　办公室对重点项目逐一建立管理台账，对重点项目建设进行全过程监督管理，对重点项目建设过程中涉及资金拨付及使用、检查评估、问题整改、项目验收等形成的相关文件实行档案管理。

第九条　重点项目单位须将获得专项资金支持的重点项目列入本单位的重点工作计划，落实重点项目实施所需条件，加强自身监督检查并及时解决存在问题，确保实施工作的顺利进行。

第十条　建立项目联系人机制。重点项目单位须指定1～2名项目负责人，定期与办公室保持联系，及时报告项目执行情况与实施中存在的问题。重点项目执行过程中，项目负责人和项目组成员应保持稳定，确需变更的，项目单位须及时提交变更申请及相应变更材料，报办公室登记备案。

第十一条　建立定期上报机制。重点项目执行过程中，项目负责人每年须撰写中期检查报告及年度进展报告，于每年的5月31日、11月25日前向办公室报送，办公室审核通过后上报相关主管部门和领导。

第十二条 建立实地检查机制。重点项目执行中期，办公室会同财政等相关部门采取实地检查的方式对项目进展和专项资金使用情况等进行检查，根据项目进展情况，对后期工作提出建议和要求。鼓励相近领域项目集中进行交流与评议。办公室根据实地检查情况完成中期检查报告。

第十三条 建立动态跟踪机制。办公室将在项目结束后一年内对项目进行跟踪管理，项目负责人须将重点项目有关新情况、新进展、新成果及推广效益等情况报办公室。

第四章　项目完成

第十四条 项目完成后，项目单位须认真撰写完成报告、编制项目资助经费决算，项目单位审核并签署意见后与其他相关材料一并送办公室申请验收。

第十五条 项目执行期结束后 3 个月内，办公室组织完成项目验收工作，同时会同财政、审计等部门对重点项目专项资金使用情况进行审计。

第十六条 重点项目在规定的时间内实施完成，达到项目计划效果，并按要求报送相关材料，经验收审计无误的，被视为正式完成，办公室负责办理项目完成手续，向项目单位出具项目验收合格通知书。

第十七条 办公室负责组织相关部门对已经完成的项目进行绩效考核，按时保质保量完成项目建设并具有较好效益的视为合格项目，提前完成项目建设并产生较好效益的视为优良项目，不能按时保质保量完成项目建设的视为不合格项目。项目考核结果将由办公室通过相关渠道进行公布。

第十八条 因故不能按期完成重点项目的，项目单位可以申请延期一次，延期时间原则上不超过 1 年。项目延期申请报告最晚于项目原执行期结束前 1 个月内经项目单位签署意见报办公室，办公室核准后办理有关手续。

第五章　预防及措施

第十九条 项目执行过程中，办公室负责对项目进行跟踪管理，出现下述情况时，应采取相应措施。

（一）不按时报送或未按批准通知要求撰写汇报或报告的，应给予蓝色警告，并纠正其错误，按要求及时改正。

（二）项目进展速度与原计划有较大偏离，或擅自改变项目建设内容的，应给予项目单位黄色警告，并找出造成上述结果的原因，及时改正。

（三）配套资金不能及时到位影响重点项目进展的，或擅自改变专项资金用途的，应给予橙色警告，并暂停项目专项资金的拨付，限期整改。

第二十条 对于虚报、冒领、截留、挪用、挤占专项资金等违反财经法律法规的行为，按照国务院《财政违法行为处罚处分条例》进行处理。构成犯罪的，依法移交司法机关追究其刑事责任。

第六章　附　则

第二十一条 本办法由顺义区文化创意产业办公室负责解释。

第二十二条 本办法自发布之日起施行。

附件4：

顺义区文化创意产业集聚区认定和管理办法（试行）

第一章　总　则

第一条　为引导和支持文化创意产业集聚区（以下简称“集聚区”）健康快速发展，本区实行集聚区认定制度。经认定的集聚区，适用《顺义区促进文化创意产业发展的若干意见（试行）》（顺政发〔2010〕44号）中对集聚区的有关优惠政策。

第二条　集聚区是指集聚了一定数量的文化创意企业，具有一定的产业规模，具备自主创意研发能力，并具有专门的服务机构和公共服务平台，能够提供相应的基础设施保障和公共服务的区域。

第三条　认定原则如下。

（一）公开、公正、公平原则。认定标准公开，实施自主申报、专业评审、区文化创意产业发展领导小组审定的评审程序，有步骤、有重点地认定一批文化创意产业集聚区。

（二）统筹规划、促进集约原则。根据顺义区文化创意产业发展规划，统筹考虑各镇、经济功能区文化创意产业发展的特点与资源禀赋，进行科学合理布局，引导相关企业集聚发展，促进对土地、基础设施和公共服务平台等资源的集约节约利用。

（三）政府引导、产业导向原则。通过认定一批集聚区并支持其建设，旨在引导集聚区走产业化道路，走特色发展之路，向入区企业提供优质服务，形成产业规模创造效益，引领全区文化创意产业发展。

第二章　认定条件

第四条　集聚区需要符合下列条件。

（一）有完整的集聚区建设和发展规划，并且该规划符合顺义区文化创意产业发展规划。

（二）有鲜明的产业特色和定位，并且已经集聚了一定数量的文化创意企业，集聚区的产值、交易额等经济效益指标居于同行业领先地位。

（三）区内文化创意企业拥有一定数量的自主知识产权，原创产品占有一定的市场份额，有良好的品牌影响力。

（四）有合理规范的管理机构和运营机制，能够有效组织开展集聚区的建设、管理和运营。

（五）有较完善的基础设施和生产环境，能够为文化创意企业开展创意研发、设计生产和流通交易等活动提供适宜的硬件环境保障。

（六）有功能完善的公共服务支撑体系，能为入区企业提供企业孵化、关键共性技术研发、融资中介、交易推广等公共服务。

（七）有良好的产业发展前景，具有符合文化创意产业生产规律的产业形态，入区企业具有较高的成长性，能够引领相关文化创意产业的发展。

第三章　认定程序

第五条　集聚区的认定程序如下。

（一）申请。各镇、经济功能区以及有关委、办、局向区文化创意产业发展领导小组办公室提出集聚区认定申请。区文化创意产业领导小组办公室责成区文化创意产业促进办公室受理申请材料。

（二）评估。区文化创意产业促进办公室组织专门力量，对申请单位开展实地调查评估、专业评估，提交评估报告，报区文化创意产业发展领导小组办公室审核。

（三）审定。区文化创意产业发展领导小组办公室对集聚区提出认定审核意见。

（四）公布。审定结果由区文化创意发展领导小组办公室以政府名义发文的形式对外公布，并颁发认定证书、予以授牌。

第四章　管理办法

第六条　区文化创意产业发展领导小组办公室统筹指导和协调全区集聚区的建设和发展。各有关镇、经济功能区按照属地管理的原则加强对集聚区建设的管理。区文化创意产业促进办公室承担对全区集聚区的考核、统计等日常工作。

第七条　区文化创意产业发展领导小组办公室责成区文化创意产业促进办公室根据本办法和考核评价指标体系，对集聚区的建设、管理和运营状况进行定期考核，对考核不合格的集聚区予以摘牌。

第五章　附　则

第八条　本办法由区文化创意产业促进办公室负责解释。

第九条　本办法自发布之日起施行。

附件5：

顺义区文化创意产业人才培养基地认定和管理办法（试行）

第一章 总 则

第一条 为加快我区文化创意产业人才队伍建设，打造区级文化创意产业人才高地，根据《顺义区促进文化创意产业发展的若干意见（试行）》（顺政发〔2010〕44号）有关规定，特制定本办法。

第二条 文化创意产业人才培养基地（以下简称“人才培养基地”）是指注册地在顺义区，具有相关办学资质，具备师资、场所、软硬件等教学条件，经区文化创意产业发展领导小组办公室认定，承担文化创意产业人才培养的机构。

第三条 经本办法认定的人才培养基地，适用《顺义区促进文化创意产业发展的若干意见（试行）》（顺政发〔2010〕44号）中对人才培养基地的有关优惠政策。

第二章 认定原则

第四条 遵循下列原则认定人才培养基地。

（一）择优认定原则。实施标准公开、自主申报、专业评审、区文化创意产业发展领导小组办公室审定的认定程序，择优认定一批人才培养基地。

（二）集约建设原则。为实现集约化培养文化创意产业人才的目标，根据区文化创意产业发展有关政策，以及文化创意产业各行业发展现状及人才需求状况，统筹考虑中等职业学校、高等职业学院和驻区文化创意企业的不同特点及各申请单位的资源禀赋，对人才培养基地进行科学合理布局。

（三）产学研结合原则。通过认定一批人才培养基地并支持其建设与发展，引导文化创意产业人才培养走产学研一体化道路，突出实用性、实效性，提高培养效率，保证人才质量，为文化创意产业发展提供重要智力支撑。

第三章 认定条件

第五条 人才培养基地须符合下列条件。

（一）有完整的基地建设规划和系统的人才培养计划。

（二）有鲜明的培养特色和明确的教学定位，有一定的人才培养经验，在文化创意产业人才培养领域居领先地位。

（三）有完善的管理运营机制，能够根据需要有效组织文化创意产业人才的教学、培训活动。

（四）有完善的设施设备、培训环境及充足的师资力量，能够为人才培养提供适宜的软硬件保障。

第四章 认定程序

第六条 人才培养基地的认定程序如下。

（一）申请。申请认定的中等职业学校、高等职业学院与驻区文化创意企业向区文化创意产业促进办公室提出认定申请。

（二）评估。区文化创意产业促进办公室组织专业评审，并进行实地考察，形成评估报告。

（三）审定。区文化创意产业发展领导小组办公室根据评估报告对人才培养基地进行审核认定。

（四）公布。审定结果由区文化创意产业发展领导小组对外公布，并颁发认定证书、予以授牌。

第五章　管理办法

第七条　区文化创意产业促进办公室受区文化创意产业发展领导小组办公室委托，统筹指导人才培养基地的建设与发展。

第八条　区文化创意产业促进办公室承担对人才培养基地的考核、统计等日常管理工作。各人才培养基地须定期向区文化创意产业促进办公室报送有关材料。

第九条　区文化创意产业促进办公室根据本办法和相关评价指标体系，对人才培养基地的建设、管理和运营状况进行定期考核，对不合格的人才培养基地予以摘牌并公告。

第六章　附　则

第十条　本办法由区文化创意产业促进办公室负责解释。

第十一条　本办法自发布之日起施行。

北京市财政局 北京市人力资源和社会保障局 中国人民银行营业管理部关于印发《北京市小额担保贷款担保基金管理实施办法》的通知

京财经一〔2012〕862号

各区县财政局、人力资源和社会保障局，各国有商业银行北京市分行、各股份制商业银行在京营业机构、北京银行、北京农村商业银行、各担保机构：

为贯彻落实《北京市人民政府办公厅转发市人力社保局关于营造创新创业环境推进创业带动就业工作指导意见的通知》（京政办发〔2011〕66号）精神，全面推动本市创新创业工作，加大小额贷款扶持力度，充分发挥小额担保贷款促进创业带动就业的效能，结合我市就业失业登记的相关规定和工信部等关于小企业划型标准的调整，我们对《北京市小额担保贷款担保基金管理实施办法》进行了修订，现印发给你们，请遵照执行。

附件：北京市小额担保贷款担保基金管理实施办法

北京市财政局　北京市人力资源和社会保障局
中国人民银行营业管理部
二〇一二年五月十六日

附件：

北京市小额担保贷款担保基金管理实施办法

第一章　总　则

第一条　为了鼓励本市城镇失业人员、高校毕业生、农村转移劳动力和复员（转业）军人自谋职业、自主创业，合伙组织起来创业，鼓励发展劳动密集型产业，多渠道、多方式增加就业岗位，根据中央有关规定和《北京市人民政府办公厅转发市人力社保局关于营造创新创业环境推进创业带动就业工作指导意见的通知》（京政办发〔2011〕66号）的精神，结合本市实际情况，制定本办法。

第二条　本办法所称担保机构、经办银行是指与市财政局、市人力资源和社会保障局或区县财政局、区县人力资源和社会保障局签约，并承担本市小额担保贷款业务的担保机构和商业银行。

第二章　贷款担保对象、额度、期限

第三条　本办法所称借款人，一是指本市失业人员自谋职业依法开办的个体工商户（以下简称“个体工商户”）；二是指本市失业人员自主、合伙创办的小型、微型企业（以下简称“自主、合伙创办小企业”）；三是指本市注册经营的符合条件的劳动密集型小型、微型企业（房地

产、娱乐、广告、桑拿、按摩、网吧、氧吧除外）。

本办法所称本市失业人员是指具有本市户口，在法定劳动年龄内持有《就业失业登记证》的登记失业人员、持有毕业证书且尚未就业的高校毕业生、持有自谋职业证明尚未就业的复员（转业）军人、办理了转移就业登记并取得相关证明的农村劳动力。

本办法所称劳动密集型小型、微型企业（以下简称“劳动密集型小企业”）是指当年新招用本市失业人员达到企业职工总数30%以上（超过100人的企业达到15%），并与失业人员签订1年以上期限劳动合同的小型、微型企业。小型、微型企业的划型标准参照工业和信息化部、国家统计局、国家发展和改革委员会、财政部《关于印发中小企业划型标准规定的通知》（工信部联企业〔2011〕300号）执行。企业当年新招用的失业人员比例 = 当年新招用本市失业人员人数 ÷ 企业现有在职职工人数 × 100%。

第四条 借款人为个体工商户的小额担保贷款最高担保额度一般不高于10万元，资信良好，还款能力强，符合本市产业导向，连续经营2年（含2年）以上的个体工商户可根据其生产经营状况将担保最高额度提高至20万元。

借款人为自主、合伙创办小企业提供的小额担保贷款担保额度一般不高于20万元；资信良好，有经营业绩证明具有相应还款能力，符合本市产业导向的合伙创办小企业，可按照企业合伙人和现有职工中本市失业人员总数申请小额贷款担保，按人均不超过10万元提供小额担保贷款担保，最高不超过100万元。

对劳动密集型小企业，根据企业当年新招用本市失业人员人数，按人均不超过10万元提供小额担保贷款，最高不超过200万元。

担保机构和经办银行在不超过最高担保额度范围内根据借款人实际情况合理确定担保及贷款额度。

第五条 小额担保贷款担保期限不超过2年，到期确需延长的，可展期1次，展期期限不超过1年。

第三章 担保基金设立与管理

第六条 北京市小额担保贷款市级担保基金由市财政局出资设立，规模为1亿元人民币。其中，1800万元用于按照比例给予区县担保基金初始配额，其他用于为本市失业人员自主、合伙创办的小企业及符合条件的劳动密集型小企业小额担保贷款提供担保。

第七条 北京市小额担保贷款区县级担保基金初始规模为200万元人民币，由市区两级财政共同出资设立，专项用于为失业人员自谋职业依法开办的个体工商户小额担保贷款提供担保。根据担保业务发展需要，担保基金规模可适时调整。

第八条 担保基金的担保责任余额不超过担保基金余额的5倍。

第九条 区县级担保基金可采取以下两种运作方式。

（一）担保机构担保：由区县财政局和人力社保局确定小额担保贷款的担保机构和经办银行，签订委托小额担保贷款协议，委托担保机构为小额担保贷款提供担保，并与管理市级担保基金的担保机构签订委托担保协议或协调管理协议。

（二）担保基金直接担保：由区县财政和人力社保局确定小额担保贷款的经办银行，签订委托小额担保贷款协议并直接将区县级担保基金存入经办银行，由担保基金直接为小额担保贷款提供担保。

第十条 在市财政局、市人力社保局的指导下，由各区县财政局、人力社保局牵头，与担保机构、经办银行组成协调小组。其职责包括：

（一）对小额担保贷款业务进行指导、考核和监管。

（二）审议、批准贷款担保业务年度工作计划和工作报告。

（三）审议、批准弥补小额担保贷款代偿损失方案。

（四）审议、核销小额担保贷款坏账。

第十一条 小额担保贷款的风险控制。

（一）担保机构、经办银行应配合区县人力社保局和社保所为小额担保贷款借款人建立信用档案，根据还款情况对借款人进行信用评定。

（二）担保机构、经办银行和社保所应安排专人定期对贷款项目进行检查和抽查，及时掌握借款人贷款资金使用情况和生产经营情况，及时清收贷款本金。采取担保机构担保的，经办银行于每季度最后1个月的25日前向担保机构报送回收贷款本金报表。

（三）市财政局、人民银行营业管理部和市人力社保局应加强对担保机构、经办银行、区县人力社保局和社保所开展小额担保贷款工作的指导、协调和监督管理，掌握小额担保贷款工作进展情况，建立健全小额担保贷款体系和风险控制体系。

第十二条 担保基金日常管理。采取担保机构担保的，由担保机构负责担保基金的日常管理和小额担保贷款业务；采取基金直接担保的，由经办银行负责担保基金的日常管理。日常管理的主要职责：

（一）按本办法规定使用管理担保基金，设立专门账户，进行专户管理。担保基金利息收入计入本金，经财政部门批准后可用于担保机构业务经费补助。严禁投资股票二级市场和向企业或项目直接投资、拆借资金，确保安全运营。

（二）为符合规定条件的失业人员和符合条件的劳动密集型小企业提供小额担保贷款，对发生的担保代偿进行追偿。

（三）提请协调小组审议、核销坏账和审议、批准弥补代偿损失方案。

（四）负责对社保所开展小额担保贷款业务相关的培训和指导。

（五）区县级担保基金管理机构负责做好区县担保信息的收集、整理与分析工作，每季度向区县财政、人力社保局及市级担保基金管理机构报送营业报告及其他有关报表和资料。

（六）市级担保基金管理机构负责做好全市担保信息的收集、整理与分析工作，每季度向市财政局、人民银行营业管理部和市人力社保局报送营业报告及其他有关报表和全市担保业务汇总情况。

第十三条 建立代偿补偿机制。市和区县财政部门建立担保基金的代偿补偿机制，及时按规定补充担保基金。

担保基金的日常管理机构在每年度终了后4个月内向同级人力社保部门和财政部门提出补偿担保代偿申请，同时提供以下资料。

（一）年度担保代偿情况。

（二）已发生代偿的贷款项目的《保证合同》、银行的代偿通知书、代偿后追偿情况报告。

（三）代偿资金凭证。

人力社保部门和财政部门对上述资料审查核对，确定上年度财政应补偿的担保代偿数额后，由财政部门办理资金拨付手续。

第十四条 市和区县财政部门按实际贷款本金年1%的费率，向担保基金日常管理机构拨付担保费或手续费补助，每年拨付一次。其中市级担保基金管理机构担保费或手续费补助列入市财政预算安排的就业专项资金，区县级担保基金管理机构担保费或手续费补助列入本区县财政预算安排的就业专项资金。

第十五条 担保基金的监管。市财政局、人民银行营业管理部、市人力社保局、区县财政局、区县人力社保局应按照“定向设立、促进创业、安全运营”的原则，加强对担保基金的监督管理，并与签约担保机构、经办银行建立联席会议制度，每个季度召开例会，及时研究和解决小额担保贷款工作中出现的问题，组织或委托中介机构对担保基金和财政贴息资金进行专项检查，对小额担保贷款中弄虚作假、造成损失的单位和个人追究责任，严肃查处。

第四章 贷款程序

第十六条 借款人为个体工商户的贷款程序。

（一）申请

借款人为个体工商户的应当向户籍或经营所在地社保所提出申请，填写《北京市自主创业小额担保贷款申请、推荐书》一式三份（社保所、经办银行、担保机构各一份），并提供下列文件。

1. 借款人身份证件。包括居民身份证、户口簿、就业失业登记证、大学毕业证、复员（转业）军人自谋职业证明或农村劳动力转移就业登记证明等原件及复印件。

2. 《个体工商户营业执照》原件及复印件。

3. 《北京市信用社区小额担保贷款个人承诺书》。

4. 贷款卡复印件及密码（或贷款卡查询结果复印件）。

5. 经办银行、担保机构需要的相关资料。

借款人应在贷款银行开立账户，且已用于项目经营的资金不低于贷款本金的30%；合法经营，资信程度良好，有偿债能力。

（二）审核和放款

1. 已经建立信用社区的，按照《北京市信用社区小额担保贷款工作办法》中的规定执行。

2. 未建立信用社区的，由社保所在申请材料齐备后5个工作日内对申请材料进行审查，确认其真实有效后，在《北京市自主创业小额担保贷款申请、推荐书》上签署意见，并将资料送与区县签约的担保机构，担保机构在5个工作日内对项目可行性、自有资金、还款来源和反担保措施进行审核，确认符合贷款担保条件后，出具《同意担保意向书》，送商业银行经办机构。商业银行经办机构在收到材料后2个工作日内对材料的齐备性提出意见，在材料齐备后5个工作日内对项目可行性、还款能力进行审核，确认符合贷款条件后，出具《同意贷款通知书》，并通知担保机构和申请人。担保机构在收到银行《同意贷款通知书》后1个工作日内通知申请人办理反担保手续，在申请人办妥反担保手续后2个工作日内与经办银行签订《保证合同》。经办银行与担保机构签订《保证合同》后1个工作日内通知申请人前来办理贷款手续，并在贷款手续办妥后1个工作日内将贷款资金发放到位，同时通知担保机构和社保所。

第十七条 借款人为自主、合伙创办小企业的贷款程序。

（一）申请

借款人为自主、合伙创办的小企业的，应当向注册登记地区县人力社保局提出申请，填写《北京市小企业小额担保贷款申请书》一式三份（区县人力社保局、担保机构、经办银行各一份），并提供下列文件（复印件需加盖企业公章资料）。

1. 创办人、合伙人或股东的就业失业登记证、大学毕业证、复员（转业）军人自谋职业证明、农村劳动力转移就业登记证明原件及复印件。

2. 营业执照副本、企业组织机构代码证、注册验资报告原件及加盖企业公章的复印件。

3. 特殊行业生产经营许可证复印件。

4. 营业场所权属证明及加盖公章的复印件。

5. 企业章程及合伙协议书复印件。

6. 税务登记证（国税、地税）副本复印件。

7. 法定代表人身份证、授权代理人的授权书及代理人身份证原件及复印件。

8. 贷款卡复印件及密码（或贷款卡查询结果复印件）和企业法人的个人信用报告。

9. 企业决定申请融资担保的股东会决议或合伙人会议决议。

10. 近两年及当期财务报表。

11. 企业一般情况或项目可行性报告。

12. 拟提供的反担保措施。

13. 担保机构及经办银行需要的相关资料。

（申请最高100万元小额担保贷款还必须提供以下材料）

14. 企业现有职工中本市失业人员的身份证明原件及复印件。

15. 企业招用本市失业人员签订的劳动合同。

16. 企业为职工缴纳社会保险记录。

17. 企业工资支付凭证（工资表）及复印件。

（二）审核和放款

借款人应当向企业登记注册地区县人力社保局提出申请，区县人力社保局在申请材料齐备后5个工作日内对小企业申请资料进行初审，确认企业类型、出资人（合伙人）、经营范围等情况是否符合政策规定，确认资料真实有效后，在《北京市小企业小额担保贷款申请书》上签署推荐意见，连同其他申请材料送交担保公司和经办银行。申请人提交的材料不齐全时，区县人力社保局要求其在5个工作日内补齐所有材料；对不符合条件的，5个工作日内通知申请人。

担保机构收到企业申请材料后，对材料齐全、规范、符合要求的，自受理之日起5个工作日内，完成审核工作，确认担保贷款用途、额度、期限、还款能力、反担保措施等符合政策规定，出具《同意担保意向书》，送交经办银行。为提高审核效率，担保机构可根据具体情况在与经办银行协商后试行与经办银行联合评审。

经办银行在收到《同意担保意向书》后或企业申请贷款资料（仅适用联合评审），对材料齐全、规范、符合要求的，经办银行自受理之日起5个工作日内，完成贷款审核工作，确认贷款额度、期限、用途、经营状况、还款能力等符合政策规定，出具《同意贷款通知书》，并通知担保机构和申请人。

担保机构在收到银行《同意贷款通知书》后1个工作日内通知申请人办理反担保手续，在申请人办妥反担保手续后2个工作日内与经办银行签订《保证合同》。

经办银行与担保机构签订《保证合同》后1个工作日内通知申请人前来办理贷款手续，并在贷款手续办妥后1个工作日内将贷款资金发放到位，同时通知担保机构和区县人力社保局。

第十八条 借款人为符合条件的劳动密集型小企业的贷款程序。

（一）认定

劳动密集型小企业的审核认定依据《关于印发〈北京市发挥劳动密集型小企业对促进失业

人员就业辐射带动作用政府支持政策实施办法〉的通知》（京财金融〔2009〕735 号）的相关规定，对符合条件的劳动密集型小企业核发《北京市劳动密集型小企业吸纳失业人员认定证明》（以下简称《认定证明》）。

劳动密集型小企业向其企业注册登记地所在区县人力社保局递交书面认定申请，并提交以下材料。

1. 营业执照副本及复印件。

2. 税务登记副本及复印件。

3. 招用失业人员的就业失业登记证、有效毕业证书、复员（转业）军人自谋职业证明、农村劳动力转移就业登记证明。

4. 职工花名册（企业盖章）。

5. 企业与新招用的失业人员签订的劳动合同（副本）。

6. 企业为职工缴纳的社会保险记录。

7. 企业安置失业人员前后的工资支付凭证（工资表）及复印件。

8. 区县人力社保局、区县财政局要求的相关材料。

区县人力社保局应自受理之日起，5 个工作日内完成认定工作，填写《北京市劳动密集型小企业吸纳失业人员认定证明》（一式三份），签署审核意见，并连同相关资料转区县财政局，对不符合条件的，5 个工作日内通知申请人。

区县财政局在接到区县人力社保局转来的申请材料后，5 个工作日内完成复核工作，经复核认定符合贷款支持条件的，在《认定证明》上签署复核意见，复核意见转区县人力社保局。

《认定证明》一式三份，由区县财政局、区县人力社保局及劳动密集型小企业各留存一份。《认定证明》应注明企业吸纳失业人员的数量、占职工人数的比例等事项。

区县财政局和区县人力社保局应对已认定企业进行登记，对企业报送的资料逐户建立档案、妥善保管，并报市财政局、市人力社保局备案。

（二）申请和审核

企业自认定之日起 1 年以内持《认定证明》向指定的担保机构申请小额贷款担保，并按照担保机构要求提供所需文件；超过 1 年的应重新认定。担保机构应自受理之日起，15 个工作日内完成担保审核工作，向经办银行出具《同意担保意向书》。

企业持区县人力社保局出具的《认定证明》、担保机构出具的《同意担保意向书》向指定的经办银行申请小额担保贷款，并按照经办银行要求提供所需文件。经办银行应自受理之日起 10 个工作日内完成贷款审核工作，向担保机构出具《同意贷款通知书》。

（三）放款

担保机构在收到银行《同意贷款通知书》后 1 个工作日内通知申请人办理反担保手续，在申请人办妥反担保手续后 2 个工作日内与经办银行签订《保证合同》。经办银行与担保机构签订《保证合同》后 1 个工作日内通知申请人前来办理贷款手续，并在贷款手续办妥后 1 个工作日内将贷款资金发放到位，同时通知担保机构和区县人力社保局。

第十九条 再次申请小额担保贷款的贷款程序。借款人为个体工商户或自主、合伙创办小企业的，已经享受过我市小额担保贷款政策，按时偿还、无不良记录，且借款人经营状况未发生重大变化的，再次申请小额担保贷款时，由原担保机构提供担保和原贷款经办银行办理的，可直接向原贷款经办银行提出申请，无须经社保所和区县人力社保局审核，并只需提供以下申请材料。

1. 原小额担保贷款的贷款合同。

2. 近期营业情况报告，小企业须提供近 2 年及当期财务报表，包括资产负债表、损益表等。

3. 原担保贷款申请时提交的材料中已发生变更的材料。

4. 相关机构要求提供的其他材料。

符合条件的劳动密集型小企业再次申请小额担保贷款，须重新认定，符合再次贷款条件的劳动密集型小企业，在原担保机构和经办银行办理的，可简化担保和贷款审核手续，申请材料可比照合伙创办小企业再次申请贷款所提供的申请材料执行。经办银行在放款后通知原担保机构和原贷款受理机构。

第五章　反担保措施

第二十条　借款人应根据《担保法》的规定提供必要的反担保措施，包括：保证金、抵押、质押、保证等。担保机构在签订反担保合同时，应依法办理公证手续（自主、合伙创办小企业和符合条件的劳动密集型小企业还需办理抵、质押登记手续），区县人力社保局、社保所根据担保机构授权协助办理。

第二十一条　借款人为个体工商户的且在小额担保贷款信用社区申请小额担保贷款的，免于提供反担保；借款人为个体工商户在未建立信用社区申请小额担保贷款的，反担保风险控制金额一般不超过实际贷款额的 20%。

借款人为自主、合伙创办小企业的，借款金额为 50 万元以下的，反担保风险控制金额一般不超过实际贷款额的 30%；借款金额为 50 万元至 100 万元的，反担保风险控制金额一般不超过实际贷款额的 50%。

借款人为符合条件的劳动密集型小企业的，借款金额为 50 万元以下的，反担保风险控制金额一般不超过实际贷款额的 30%；借款金额为 50 万元至 100 万元的，反担保风险控制金额一般不超过实际贷款额的 50%；借款金额为 100 万元以上的，反担保风险控制金额一般不超过实际贷款额的 80%。

第二十二条　被保证人可根据担保金额大小及风险程度等实际情况，选择其中一种或几种反担保措施。

（一）被保证人可以采取保证金方式提供反担保。保证金的管理由担保机构负责，主要用于被保证人不能按照合同或约定履行义务时的支付，如保证金支付后尚有余额，在保证期满后由担保机构退还被保证人。

（二）被保证人（或第三人）以其合法财产提供抵押（质押）反担保。抵押（质押）物的范围与条件是能够依法转让并可变现的财产及其他可以依法流通或转让的权利。财产抵押（质押）物的条件应符合《担保法》的有关规定。

（三）其他法人或自然人为被保证人提供信用反担保。信用反担保的条件应符合《担保法》的有关规定。

第二十三条　本市合同期满未就业的大学生村官在办理小额担保贷款担保时符合以下条件的，可以免于提供反担保措施。

（一）持有全国“三支一扶”工作协调管理办公室监制由北京市人力社保局签发的《高校毕业生“三支一扶”服务证书》。

（二）经区县大学生村官管理部门推荐。

（三）申请贷款的营业执照在合同期满后 3 年内取得。

（四）申请的是个体工商户小额担保贷款或者自主、合伙创办小企业贷款且任法定代表人，已正常经营1年以上，有经营业绩证明具有相应还款能力，无不良记录。

本市低保或低收入家庭的高校毕业生在办理小额担保贷款担保时符合以下条件的，可以免于提供反担保措施。

（一）申请的是个体工商户小额担保贷款或者自主、合伙创办小企业贷款且任法定代表人，已正常经营1年以上，有经营业绩证明具有相应还款能力，无不良记录。

（二）借款人是本市低保或低收入家庭成员之一，持有《北京市城市居民最低生活保障金领取证》或《北京市农村居民最低生活保障金领取证》或《北京市低收入家庭救助证》，且有借款人的相关信息。

第六章　在保项目的监督和管理

第二十四条　借款人（被保证人）及反担保人应严格按照《委托保证合同》《借款合同》的约定履行义务。要按规定用途使用贷款，按季度向区县人力社保局或社保所、担保机构和经办银行报送财务报表及项目进展情况等资料并保证其真实性，提前落实还款资金，接受上述部门对其资金使用情况、生产经营、财务活动的监督检查。借款人（被保证人）或反担保人情况发生变化（如企业发生分立、合并、财产及法定代表人变更等；自然人发生户籍、住址、联系电话、婚姻状况变更及财务状况变化等）时，应提前或于变更发生之日起3日内通知区县人力社保局或社保所、担保机构和经办银行，并主动配合有关单位及时办理相关手续。

第二十五条　担保机构应制定规范、有效的担保评审和在保监控管理措施及办法，设立专业部门专项负责小额贷款担保业务，履行担保管理责任。要定期对担保项目及反担保物或反担保人进行检查或抽查，及时掌握贷款担保整体状况。如发现资金损失或担保风险加大，应及时采取措施防范和化解风险，并通报区县人力社保局或社保所、经办银行，共同控制风险。

第二十六条　经办银行要简化手续，为借款人提供开户和结算便利，加强借款人在本机构结算账户的管理，出现借款人透支和不能按期支付利息等情况，及时通知区县人力社保局或社保所、担保机构，共同维护贷款和担保基金的利益。要确保发放小额担保贷款所需的资金和额度，掌握开展小额担保贷款业务的情况和存在的问题，定期与借款人联系，对有证据证明借款人有可能或已经恶意损失贷款的，应停止支付尚未使用的贷款，并提前收回部分或全部借款，同时通知区县人力社保局或社保所、担保机构，最大限度使贷款免受或减少损失。

第二十七条　社保所要加强培训和管理，积极协助担保机构和经办银行对借款人进行监督管理，及时掌握借款人经营、财务状况和资金使用情况，发现问题及时通知担保机构和经办银行，督促借款人按约履行义务。

第二十八条　区县人力社保局应及时了解自主、合伙创办小企业的经营状况和贷款资金使用情况，并及时通报担保机构和经办银行，共同防范、控制风险。指导社保所完善对从事个体经营的借款人风险防范措施，加强对在保项目的监督检查。

第七章　贷款利率与贴息

第二十九条　市财政局对从事微利项目的个体经营、自主、合伙创办小企业的借款人发生的小额担保贷款利息据实全额贴息，小额担保贷款利率按照中国人民银行公布的贷款利率水平执行，对个人新发放的小额担保贷款，其贷款利率可在中国人民银行公布的贷款基准利率的基础上最高上浮3个百分点。微利项目由市财政局和市人力社保局根据情况定期确定公布。

第三十条　从事微利项目的个体经营和自主、合伙创办小企业的借款人的小额担保贷款贴息申请、审批程序、贴息期限按照相关文件规定执行。

符合条件的劳动密集型小企业的小额担保贷款贴息的申请、审批程序、贴息期限按照《关于印发〈北京市发挥劳动密集型小企业对促进失业人员就业辐射带动作用政府支持政策实施办法〉的通知》（京财金融〔2009〕735 号）执行。

第八章　小额担保贷款的代偿与追偿

第三十一条　经办银行对已到还款期限未及时归还的小额担保贷款，应及时向借款人发出逾期贷款催收通知书。对从事个体经营的借款人，由经办银行通知担保机构和社保所，由社保所协助担保机构和经办银行履行追索责任；对自主、合伙创办小企业的借款人，由经办银行通知担保机构和区县人力社保局，由区县人力社保局协助担保机构和经办银行履行追索责任；对符合条件的劳动密集型小企业的借款人，由经办银行通知担保机构，由担保机构和经办银行履行追索责任。追索期为自贷款期限届满或银行宣布贷款提前到期之日起 15 个工作日止。

第三十二条　追索期结束后，借款人仍未偿付贷款本金的，采取担保机构担保的，经办银行向担保机构出具《代偿通知书》并提供相关证明文件，担保机构应在收到《代偿通知书》后 5 个工作日内向经办银行办理代偿资金拨付手续，担保代偿资金从担保基金本金中垫支；采取基金直接担保的，经办银行直接从担保基金本金中垫支，同时报签约财政部门备案。代偿内容限于尚未清偿的贷款本金。

第三十三条　担保机构或经办银行对小额担保贷款代偿后，应积极制定追偿措施并实施追偿，区县人力社保局或社保所应积极协助。追偿措施包括：

（一）督促借款人制订还款计划，尽快收回贷款。

（二）依法处置贷款抵押（质押）物。

（三）依法提起诉讼。

追偿收回的资金属于冲减担保资本金部分的调增担保资金本金；属于财政补偿资金部分的，作为以后年度市财政补偿担保代偿损失的资金来源，单独记账管理。

第九章　附　则

第三十四条　本办法由北京市财政局、北京市人力资源和社会保障局、人民银行营业管理部根据各自职责负责解释。

第三十五条　各区县小额担保贷款管理相关部门可参照本办法精神，结合本区县实际情况制定本区县相应管理实施办法。

第三十六条　本办法自发布之日起 30 日后实施。《北京市小额担保贷款担保基金管理实施办法》（京财经一〔2009〕1011 号）同时废止，其他已发文件与本办法内容相冲突的，以本办法为准。本办法出台前已发放的小额担保贷款仍按原规定执行。

附件：北京市自主创业小额担保贷款申请、推荐书

附件：

北京市自主创业小额担保贷款申请、推荐书

一、贷款申请表

<table>
<tr><td colspan="2">借款人姓名</td><td colspan="2"></td><td>申请金额</td><td>人民币　　元</td><td>贷款期限</td><td colspan="2">年　　月</td></tr>
<tr><td colspan="2">贷款用途</td><td colspan="5"></td><td colspan="2">□信用社区小额担保贷款</td></tr>
<tr><td rowspan="9">基本信息</td><td>性别</td><td>□男
□女</td><td>学历</td><td colspan="2">□研究生　□本科　□大专
□高中及以下</td><td>子女人数</td><td colspan="2"></td></tr>
<tr><td>身份证号</td><td colspan="4"></td><td>出生日期</td><td colspan="2">年　　月　　日</td></tr>
<tr><td>证件类型</td><td colspan="7">□就业失业登记证　□毕业证书　□自谋职业证明　□转移就业登记</td></tr>
<tr><td>证件编号</td><td colspan="4"></td><td>婚姻状况</td><td colspan="2">□已婚　□未婚</td></tr>
<tr><td>户籍地址</td><td colspan="4"></td><td>邮政编码</td><td colspan="2"></td></tr>
<tr><td>居住地址</td><td colspan="4"></td><td>邮政编码</td><td colspan="2"></td></tr>
<tr><td>住宅权属</td><td>□自有
□租赁
□其他</td><td>住宅电话</td><td colspan="2"></td><td>移动电话</td><td colspan="2"></td></tr>
<tr><td>通信地址</td><td colspan="4"></td><td>邮政编码</td><td colspan="2"></td></tr>
<tr><td colspan="8"></td></tr>
<tr><td rowspan="3">配偶资料</td><td>姓名</td><td colspan="2"></td><td colspan="2">身份证号</td><td colspan="3"></td></tr>
<tr><td>学历</td><td colspan="4">□研究生　□本科　□大专
□高中及以下</td><td>联系电话</td><td colspan="2"></td></tr>
<tr><td>工作单位</td><td colspan="7"></td></tr>
<tr><td rowspan="4">经营情况</td><td>实体名称</td><td colspan="4"></td><td>营业执照注册号</td><td colspan="2"></td></tr>
<tr><td>营业地址</td><td colspan="5"></td><td>邮政编码</td><td></td></tr>
<tr><td>经营范围</td><td colspan="5"></td><td>联系电话</td><td></td></tr>
<tr><td>总投入资金</td><td colspan="4">人民币　　　　万元</td><td>本人年收入</td><td colspan="2">人民币　　　　万元</td></tr>
<tr><td colspan="9">申请时附送文件：1. 居民身份证、户口簿原件及复印件；2. 就业失业登记证、大学毕业证、退伍（转业）证明或农村劳动力转移就业登记证明原件及复印件；3. 个体经营营业执照、税务登记证原件及复印件；4. 经营场地权属证明；5. 自有资金证明。附送文件材料一式三份。</td></tr>
<tr><td colspan="5">声明事项：
一、借款人声明，本申请书所填各项及所附文件资料均属事实，并同意贵单位向有关部门、个人查证核实。
二、本人同意贵单位在法律许可范围内，将本人资料透露给其他部门或有关机构，以收集进一步资料。
三、借款人所附申请文件，无论本贷款申请核准与否，本人同意由贵单位处理，无须退还本人。
四、借款人知悉贵单位保有本贷款申请核准与否的权利。</td><td colspan="4">借款人签章：

社保所经办人签章：

年　　月　　日</td></tr>
</table>

二、项目可行性分析报告

<table>
<tr><td colspan="2">项目主营业务（参考营业执照经营范围）</td><td colspan="3"></td></tr>
<tr><td colspan="2">主要客户来源</td><td colspan="3"></td></tr>
<tr><td rowspan="4">资金筹措及使用方案</td><td>筹资形式</td><td colspan="2">筹资金额/万元</td><td>资金用途</td></tr>
<tr><td>自有资金</td><td colspan="2"></td><td></td></tr>
<tr><td>私人拆借</td><td colspan="2"></td><td></td></tr>
<tr><td>申请小额担保贷款</td><td colspan="2"></td><td></td></tr>
<tr><td rowspan="5">经济效益估算</td><td></td><td>每月</td><td>第一年</td><td>第二年</td></tr>
<tr><td>营业收入</td><td></td><td></td><td></td></tr>
<tr><td>成本</td><td></td><td></td><td></td></tr>
<tr><td>利润</td><td></td><td></td><td></td></tr>
<tr><td>偿还贷款金额</td><td></td><td></td><td></td></tr>
<tr><td>项目营销及产品推广计划</td><td colspan="4"></td></tr>
<tr><td>其他事项说明</td><td colspan="4"></td></tr>
</table>

三、贷款申请核准情况

贷款申请审核人员意见	一、借款人资格： 二、借款人信用情况： 审核人签字： 年　　月　　日
街道或乡镇社保所意见	审核人签字： 年　　月　　日

本表一式三份，社保所、担保机构和经办银行各一份。

关于印发《北京市鼓励城镇就业困难人员自谋职业（自主创业）社会保险补贴办法》的通知

京劳社服发〔2006〕45号

各区县劳动和社会保障局、财政局：

为鼓励本市城镇就业困难人员通过依法从事个体经营实现自谋职业（自主创业），带动更多失业人员就业，现将《北京市鼓励城镇就业困难人员自谋职业（自主创业）社会保险补贴办法》印发给你们，请遵照执行。

附件：北京市鼓励城镇就业困难人员自谋职业（自主创业）社会保险补贴办法

北京市劳动和社会保障局

北京市财政局

二○○六年四月四日

附件：

北京市鼓励城镇就业困难人员自谋职业（自主创业）社会保险补贴办法

第一条 为鼓励本市城镇失业人员中的就业困难人员依法申领个体工商户营业执照从事个体经营，实现自谋职业（自主创业），并带动更多失业人员就业，根据《北京市人民政府贯彻落实国务院关于进一步加强就业再就业工作文件的通知》（京政发〔2006〕4号）精神，制定本办法。

第二条 从事个体经营的本市城镇登记失业人员符合下列条件的［以下简称“自谋职业（自主创业）人员”］，可以申请自谋职业（自主创业）社会保险补贴。

（一）女年满40周岁以上，男年满50周岁以上及在法定劳动年龄内的中、重度残疾人。

（二）在失业期间依法申领个体工商户营业执照、税务登记证，正常经营3个月以上，并按规定办理了就业登记手续。

（三）在市或区县职业介绍服务中心办理了个人委托存档手续。

第三条 自谋职业（自主创业）人员享受过下岗职工、失业人员自谋职业补助政策、破产企业职工自谋职业安置费的，不能再次按本办法享受自谋职业（自主创业）社会保险补贴。

自谋职业（自主创业）人员享受社会保险补贴后，再次失业并自谋职业（自主创业）的，不再享受自谋职业（自主创业）社会保险补贴。

第四条 自谋职业（自主创业）社会保险补贴标准

（一）基本养老保险：以本市上年末职工月最低工资标准为缴费基数，按照28%的费率，补助20%，个人缴纳8%。自谋职业（自主创业）人员达到国家规定的退休年龄时，按规定享受基本养老保险待遇。

（二）失业保险：以本市上年末职工月最低工资标准为缴费基数，按照2%的费率，补助1.5%，个人缴纳0.5%。自谋职业（自主创业）人员失业后，按规定享受失业保险待遇。

（三）基本医疗保险：以本市上年职工月平均工资的70%为缴费基数，按照7%的费率，补助6%，个人缴纳1%。自谋职业（自主创业）人员患病时，按照《北京市个人委托存档人员参加基本医疗保险暂行办法》（京劳社医发〔2001〕186号）的规定享受基本医疗保险待遇。

上述标准遇本市有关规定调整时，按新标准执行。

第五条 自谋职业（自主创业）社会保险补贴期限

（一）申请补贴时，女年满40周岁、男年满50周岁及中度残疾人，可按第四条规定的标准连续享受3年的社会保险补贴。享受期满后，经营状况良好并吸纳5名以上本市城镇失业人员就业的，可再享受2年的社会保险补贴。

（二）申请补贴时，女年满45周岁、男年满55周岁的及重度残疾人，可按第四条规定的标准连续享受最长5年的社会保险补贴（中、重度残疾人划分标准见附件1）。

第六条 自谋职业（自主创业）社会保险补贴申请审批程序

（一）自谋职业（自主创业）人员到户口所在地街道（乡镇）社保所交验本人身份证、北京市城镇失业人员就业登记卡、再就业优惠证、个体工商户营业执照（副本）、税务登记证（副本）、个人委托存档证明材料、提供经营场地的产权证明或租赁协议，填写《自谋职业（自主创业）社会保险补贴申报审批表》（附件2）。

（二）社保所受理申请材料后7个工作日内组织对申请人的条件进行初审，对其经营情况进行调查，对符合条件的，在《自谋职业（自主创业）社会保险补贴申报审批表》中填写社保所意见，报区县劳动保障部门审核。

（三）区县劳动保障部门在5个工作日内对申请材料进行调查核实，报市劳动保障部门审批。市劳动保障部门在10个工作日内对申请材料进行核查，对符合条件的下达批复。

（四）社保所应于接到批复之日起5个工作日内通知批准享受自谋职业（自主创业）社会保险补贴的人员，与其签订《自谋职业（自主创业）人员享受社会保险补贴协议书》（附件3）。自批准之月起为其申请基本养老、失业、基本医疗保险补贴手续并办理个人缴费手续；对未批准的，书面通知申请人。

第七条 经批准享受自谋职业（自主创业）社会保险补贴的人员，可在批准享受社会保险补贴期限内，在市或区县职介中心按照物价部门批准的个人存档收费标准的50%缴纳存档费，享受各项存档服务。

第八条 享受自谋职业（自主创业）社会保险补贴人员应于每月5日（遇法定节假日顺延）前向社保所如实报告经营状况并缴纳个人应承担的社会保险费。

第九条 享受自谋职业（自主创业）社会保险补贴人员出现下列情形之一的，将停止社会保险补贴。

（一）未按照第八条规定时间向社保所报告经营状况超过30日的。

（二）未按照第八条规定时间足额缴纳个人应负担的社会保险费超过30日的。

（三）因各种原因歇业、停业、转租以及个体营业执照未通过年检的。

（四）个人提出高于本办法第四条规定的标准，享受社会保险补贴的。

（五）已实现其他形式就业的。

（六）社会保险补贴期满的。

（七）达到国家规定的退休年龄或享受基本养老保险待遇的。

（八）弄虚作假，骗取社会保险补贴的。

（九）违反法律、行政法规及有关文件规定的其他情形。

第十条 自谋职业（自主创业）社会保险补贴按照年度预算批复，按月审核划拨的方法进行管理。

社保所根据市劳动保障部门的审批意见，每月10日前，将自谋职业（自主创业）人员缴纳（补缴）社会保险费名单和社会保险补贴台账报区县劳动保障部门核实。区县劳动保障部门核实汇总后于每月15日前将当月社会保险补贴用款计划报市劳动保障部门审核，同时抄送区县财政部门。市劳动保障部门将社会保险补贴计划审核汇总后抄送市财政部门，市财政部门按规定拨付社会保险补贴经费。各级社保经办机构应按月将社会保险补贴划入相应社会保险基金。

第十一条 自谋职业（自主创业）人员停止享受社会保险补贴的，由社保所填写《停止自谋职业（自主创业）人员享受社会保险补贴审批表》（附件4），经区县劳动保障部门批准，报市劳动保障部门备案后，书面通知自谋职业（自主创业）人员。

第十二条 工作人员玩忽职守、滥用职权、营私舞弊造成自谋职业（自主创业）社会保险补贴损失的，将依据有关规定追究行政责任，直至法律责任，并追回自谋职业（自主创业）社会保险补贴。

第十三条 对于弄虚作假骗取自谋职业（自主创业）社会保险补贴的人员，一经查实，由社保所按照第十一条规定的程序停止其社会保险补贴，并协助区县劳动保障部门追回被骗取的自谋职业（自主创业）社会保险补贴。今后不得再次享受自谋职业（自主创业）社会保险补贴。

第十四条 市、区县劳动保障部门、街道（乡镇）社保所应积极宣传自谋职业（自主创业）社会保险补贴的政策，鼓励就业困难人员自谋职业（自主创业），并树立自谋职业（自主创业）带动其他失业人员实现再就业的典型。

第十五条 各级就业服务机构要进一步加强就业服务工作，向批准享受自谋职业（自主创业）社会保险补贴的人员推介创业项目，加强创业指导、创业培训和创业服务，组织专家开展跟踪服务，对符合条件的人员提供小额担保贷款、财政贴息、税收减免的政策支持。自谋职业（自主创业）人员应当接受相关单位提供的创业服务。

第十六条 市劳动保障、财政部门对自谋职业（自主创业）社会保险补贴的拨付、使用情况进行监督、检查，对违反规定的单位和个人按照有关规定进行处理。

第十七条 本办法自2006年5月1日起执行，《关于印发〈北京市城镇失业人员自谋职业社会保险费补助办法〉的通知》（京劳社服发〔2002〕50号）同时废止。

第十八条 对2006年4月30日前经区县劳动保障部门批准享受自谋职业社会保险费补助但未到期的自谋职业人员，在剩余期限内的补贴按原标准执行。

第十九条 本办法由市劳动保障、财政部门根据各自职责负责解释。

附件1：

中、重度残疾人划分标准
（仅限于本办法）

一、中度残疾人包括

（一）视力残疾中的一级低视力、二级低视力。

（二）听力残疾中的二、三级。

（三）言语残疾中的二、三级。

（四）肢体残疾中的二级。

（五）智力残疾中的三、四级。

（六）精神残疾中的二、三级。

二、重度残疾人包括

（一）视力残疾中的一级盲、二级盲。

（二）听力残疾中的一级。

（三）言语残疾中的一级。

（四）肢体残疾中的一级。

（五）智力残疾中的一、二级。

（六）精神残疾中的一级。

注：残疾类别、等级以《中华人民共和国残疾人证》的认定为准。

附件2：

自谋职业（自主创业）社会保险补贴申报审批表

编号：

<table>
<tr><td>姓名</td><td></td><td>社会保障号</td><td></td><td>性别</td><td></td></tr>
<tr><td>年龄</td><td></td><td>出生日期</td><td colspan="3">年　月　日</td></tr>
<tr><td>失业时间</td><td></td><td>失业原因</td><td></td><td>求职证号</td><td></td></tr>
<tr><td>再就业优惠证号</td><td></td><td>户籍所在地</td><td colspan="3"></td></tr>
<tr><td>居住地地址</td><td colspan="2"></td><td>联系电话</td><td colspan="2"></td></tr>
<tr><td>营业执照名称</td><td colspan="2"></td><td>营业执照注册号</td><td colspan="2"></td></tr>
<tr><td>发照日期</td><td>年　月　日</td><td>税务登记证号</td><td colspan="3"></td></tr>
<tr><td>开业日期</td><td>年　月　日</td><td>经营期限</td><td colspan="3">年　月　日至　年　月　日</td></tr>
<tr><td>经营场所地址</td><td colspan="3"></td><td>联系电话</td><td></td></tr>
<tr><td>经营场地性质</td><td colspan="5">□自有　□租赁，租赁合同有效期至　年　月</td></tr>
<tr><td>经营项目</td><td colspan="5"></td></tr>
<tr><td>近期经营状况
（单位：万元）</td><td colspan="5"></td></tr>
<tr><td>总投入资金</td><td></td><td>销售收入</td><td></td><td>利润</td><td></td></tr>
<tr><td>税金</td><td></td><td colspan="2">是否申请了小额担保贷款</td><td colspan="2">□是　□否</td></tr>
<tr><td>贷款金额</td><td></td><td>贷款银行</td><td colspan="3"></td></tr>
<tr><td>调查人签字</td><td></td><td>调查日期</td><td colspan="3">年　月　日</td></tr>
<tr><td colspan="6">社会保险补贴标准：
1. 基本养老保险：以上年末本市最低工资标准为缴费基数，补助20%，个人缴纳8%。
2. 失业保险：以上年末本市最低工资标准为缴费基数，补助1.5%，个人缴纳0.5%。
3. 基本医疗保险：以上年本市职工月平均工资的70%为缴费基数，补助6%，个人缴纳1%。</td></tr>
<tr><td colspan="6">申请人签字：　年　月　日</td></tr>
<tr><td colspan="6">该同志于______年______月自谋职业（自主创业），自______年______月起享受最长______个月社会保险补贴。</td></tr>
<tr><td colspan="2">社保所意见

经办人：　负责人：

年　月　日</td><td colspan="2">区县劳动和社会保障局意见请示文号：

经办人：　（公章）

年　月　日</td><td colspan="2">市劳动和社会保障局意见批复文号：

经办人：　（公章）

年　月　日</td></tr>
</table>

注：此表一式四份，市、区（县）劳动保障局、社保所各一份，存入自谋职业（自主创业）人员档案中一份。

附件3：

自谋职业（自主创业）人员享受社会保险补贴协议书

甲方：

乙方：　　　　　　　　　　　　　　　社会保障号：

依据北京市劳动和社会保障局、北京市财政局《北京市鼓励城镇就业困难人员自谋职业（自主创业）社会保险补贴办法》规定，经______街道社会保障事务所（以下简称“甲方”）与自谋职业（自主创业）人员______（以下简称“乙方”）双方协商一致，订立本协议。

一、乙方自愿选择自谋职业（自主创业），已按规定办理就业登记手续，将档案存放在______职业介绍服务中心。

二、乙方同意按规定标准，于每月5日前向甲方报告经营状况并足额缴纳个人应负担的社会保险费。

三、甲方同意在乙方履行相应义务情况下，为乙方办理基本养老、失业和基本医疗保险缴费手续，并按规定标准，按月自____年____月起给予乙方共____个月的社会保险补贴。

四、乙方不按规定时间、标准足额缴纳个人应负担的社会保险费超过30日的，甲方有权停止，并不再给予乙方社会保险补贴。

五、乙方自批准享受社会保险补贴之日起，每年4月5日前，应主动向甲方出示经工商行政管理部门年检通过的个体工商户营业执照。否则，甲方有权停止，并不再给予乙方社会保险补贴。

六、乙方在享受甲方给予的社会保险补贴期间，甲方有权对乙方经营进行检查，发现乙方有歇业、停业或转租他人经营的行为时，有权停止并不再给予社会保险补贴。

七、甲方不按规定时间、标准足额给予乙方社会保险补贴，乙方有权向区（县）劳动和社会保障局申诉，并要求予以补贴。

八、本协议未尽事宜，按国家及本市有关法律法规和规章的规定执行。

九、本协议自甲、乙双方签字并加盖印章之日起生效，乙方出现违反协议事项时，本协议自行解除。

本协议一式三份，甲乙双方各执一份，乙方人事档案中留存一份。

甲方（盖章）：　　　　　　　　　　　　　　乙方（盖章）：

负责人（签字）：

（或者授权代理人签字）

年　　月　　日　　　　　　　　　　　　　　年　　月　　日

附件4：

停止自谋职业（自主创业）人员享受社会保险补贴审批表

编号：

<table>
<tr><td>姓名</td><td></td><td>社会保障号</td><td></td><td>性别</td><td></td></tr>
<tr><td>年龄</td><td></td><td>出生日期</td><td colspan="3">年 月 日</td></tr>
<tr><td>失业时间</td><td></td><td>户籍所在地</td><td></td><td>联系电话</td><td></td></tr>
<tr><td>居住地地址</td><td colspan="3"></td><td>税务登记证号</td><td></td></tr>
<tr><td>营业执照注册号</td><td colspan="2"></td><td>发照日期</td><td colspan="2">年 月 日</td></tr>
<tr><td>经营期限</td><td colspan="2">年 月 日至
年 月 日</td><td>签订自谋职业（自主创业）协议书时间</td><td colspan="2">年 月 日</td></tr>
<tr><td colspan="6">该同志于______年______月至______年______月自谋职业（自主创业），享受______年零______个月社会保险补贴，补贴金额______。</td></tr>
<tr><td colspan="6">停止补贴原因：
□1. 未按规定时间向社保所报告经营状况超过30日的。
□2. 未按规定时间足额缴纳个人应负担的社会保险费超过30日的。
□3. 因各种原因歇业、停业、转租以及个体营业执照未通过年检的。
□4. 个人提出高于本办法第四条规定的标准，享受社会保险补贴的。
□5. 已实现其他形式就业的。
□6. 社会保险补贴期满的。
□7. 达到国家规定的退休年龄或享受基本养老保险待遇的。
□8. 弄虚作假，骗取社会保险补贴的。
□9. 违反法律、行政法规及有关文件规定的其他情形。</td></tr>
<tr><td colspan="3">街道社保所意见

经办人： 负责人：

年 月 日 年 月 日</td><td colspan="3">区县劳动和社会保障局意见

经办人： 负责人：

年 月 日 年 月 日</td></tr>
</table>

注：此表一式四份，区县劳动保障局、街道社保所、自谋职业（自主创业）人员各一份，停止补贴后由社保所填写补贴期限后，存入自谋职业（自主创业）人员档案中一份。

北京市人民政府办公厅转发市人力社保局《关于营造创新创业环境 推进创业带动就业工作指导意见》的通知

京政办发〔2011〕66号

各区县人民政府，市政府各委、办、局，各市属机构：

市人力社保局制定的《关于营造创新创业环境 推进创业带动就业工作的指导意见》已经市政府同意，现转发给你们，请认真组织实施。

二〇一一年十二月五日

关于营造创新创业环境推进创业带动就业工作的指导意见

（市人力社保局　二〇一一年十一月）

为认真贯彻落实党的十七大提出的“实施扩大就业的发展战略，促进以创业带动就业”精神，落实《国务院办公厅转发人力资源社会保障部等部门关于促进以创业带动就业工作指导意见的通知》（国办发〔2008〕111号）有关要求，全面推进本市创业工作，逐步形成以鼓励自主创新为主的创新创业环境，结合本市实际，现提出以下指导意见。

一、统一思想认识，全面推动创业

（一）充分认识创业带动就业工作的战略地位。就业是民生之本，创业是就业之源。全面推动创新创业，是贯彻落实就业优先发展战略、实现社会充分就业的必由之路，是深入实施人才强国战略、建设创新型国家的重要举措，对于加快首都经济发展方式转变、建设中国特色世界城市具有重要意义。各区县、各相关部门要高度重视，进一步统一认识、解放思想、改革创新，积极营造良好的创新创业环境，充分调动全社会的创业热情和积极性，为实现首都经济社会持续健康发展注入新的活力。

（二）积极建立创业带动就业的工作机制。深入贯彻落实科学发展观，按照本市构建社会主义和谐社会首善之区和建设“人文北京、科技北京、绿色北京”的要求，坚持政府促进、社会支持、市场导向、自主创业的基本原则，建立健全政策扶持、创业培训、创业服务“三位一体”的工作机制，形成部门联动、相互配合、共同促进，构建创业带动就业工作的新格局。

（三）努力营造创新创业环境。通过进一步优化创业培训、创业融资、创业服务支持政策，继续完善市、区县、街道（乡镇）三级公共创业服务体系，积极支持各类创业孵化园区建设，引导社会优势创业资源为创业者提供服务等举措，努力营造政策扶持与市场扶持相结合、开放式、社会化的创新创业环境。引导高层次人才及创业团队以科技创新、产业创新的模式创办高新技术企业；支持中小企业通过自主创新扩大经营规模；进一步加大对本市城镇登记失业人员、高校毕业生和农村劳动力自主创业的扶持力度。力争在“十二五”时期全市形成以创新促发展、以创业促就业的良好局面，使创业人数和创业带动就业人数大幅增加。

二、完善鼓励政策，加大扶持力度

（四）优化市场准入条件。在法律法规规定许可的范围内，可按照行业特点，对初创企业合理设置资金、人员准入条件，允许注册资金分期到位。各级财政、发展改革、地税、工商等部门要针对创业者在市场准入、场地安排、行政服务、融资渠道等方面遇到的突出问题提供重点扶持，按规定减免各项行政收费，简化行政审批和办理程序，逐步完善配套政策措施。全面落实鼓励、支持和引导个体、私营等非公有制经济发展的税收优惠政策。

（五）拓宽融资渠道。积极推动金融产品和金融服务创新，对于符合国家政策规定、有利于促进创业带动就业的项目，鼓励金融机构积极提供融资支持。全面落实小额担保贷款政策，创新贷款运行机制，进一步优化小额担保贷款流程，提高贷款效率。积极探索建立政府和商业银行合作的小额贷款放款和风险补偿新模式，鼓励商业银行为创业者提供小额创业贷款，具体实施办法由市人力社保局、市财政局、人民银行营业管理部、北京银监局等另行制定。鼓励境内外风险投资基金、民间资本等按照国家及本市有关规定投资创业企业。

（六）加大小额贷款扶持力度。研究完善小额担保贷款政策，充分发挥小额担保贷款促进创业带动就业的效能。本市个体工商户小额贷款最高担保额度为10万元，对资信良好，还款能力强，符合本市产业导向的个体工商户，可根据其生产经营状况将担保最高额度提高至20万元；对资信良好、还款能力强、符合本市产业导向的合伙创办小企业，按照企业合伙人和现有职工中本市失业人员总数申请小额贷款担保的，可按人均不超过10万元的额度提供担保，最高担保额度为100万元。充分发挥小额贷款对促进创业的扶持作用，对符合本市小额担保贷款申请条件的借款人，其在商业银行获取小额创业贷款并履行了还本付息的责任后，可申请财政贴息；贴息范围和标准由市人力社保局、市财政局和人民银行营业管理部定期公布。开展对办理小额担保贷款工作各相关经办单位的考核工作，对工作成效突出的担保机构、经办金融机构和经办小额担保贷款的社区，以及其他开展此项工作的单位和部门给予工作经费补助。

（七）鼓励和支持高校毕业生自主创业。全面落实高校毕业生自主创业各项扶持政策，加强创业教育、创业培训和创业服务，引导高校毕业生树立创业意识、提高创业能力、增强创业信心，发挥自身知识智力优势推动科研成果转化。本市高校毕业生创业符合规定条件的，可按规定享受注册资金优惠、税费减免、小额担保贷款等扶持政策。其中，经主管大学生村官工作部门推荐的合同期满大学生村官，以及低保或低收入家庭的高校毕业生开展自主创业并符合规定条件的，在使用北京市小额贷款担保基金办理贷款担保时，可免除反担保。具体实施办法由市人力社保局、市财政局、人民银行营业管理部等另行制定。

（八）集聚优势创业资源。集聚创业投资和产业发展在资金、人才、技术等方面的高端优势资源，提升首都整体创新创业能力。充分发挥创业投资基金对自主创新和创业带动就业的促进作用。加强本市地方政府出资参股设立的创业投资基金的管理，引导创业投资投向初创期、成长期创新型企业和高新技术企业。吸引鼓励具有真才实学和发展潜力的优秀留学人员在本市创业。以中关村国家自主创新示范区和各类科技园区、工业园区为依托，鼓励科技人员以知识产权、科技成果等无形资产入股的方式在园区创办企业，从事创新创业活动。

（九）加强创业基地建设。统筹安排劳动者创业所需的生产经营场地，搞好基础设施及配套建设，优先保障创业场地。各级政府要积极鼓励和引导充分利用闲置厂房、场地和专业化市场构建各种模式的创业孵化园，充分发挥现有的科技企业孵化器、留学人员创业园、大学科技园等创业服务机构的作用，吸纳有创业愿望和创业条件的人员进入园区创业，并提供一定的政策支持和有效的创业培训与创业服务。改进创业项目孵化机制，完善从项目植入到发展的全过程孵化体系，对新兴产业领域的创业项目给予重点扶持。

（十）加大经费保障力度。各级政府要积极支持创业带动就业工作，安排创业扶持资金，加大对创业孵化园建设、小额贷款风险补偿、贷款贴息、创业培训补贴、表彰创业先进和完善创业服务体系等方面的经费投入。

三、强化创业培训，提升服务水平

（十一）加大创业培训力度。对具有创业愿望和创业能力的劳动者开展多层次的创业培训。扩大创业培训补贴政策范围，由城镇登记失业人员、农村转移就业劳动力扩大到本市户籍应届及毕业 2 年内未就业的高校毕业生和复员转业军人，以上人员可结合自身条件及创业需求，参加一次免费创业培训，创业培训补贴资金从就业再就业资金中按相关政策规定支出。

（十二）提高创业培训质量。鼓励和引导社会各类优质教育培训资源参与创业培训，按照“条件公开、合理布局、平等竞争、动态管理”的原则，以公开招投标或资质认定方式确定享受创业培训补贴的定点培训机构。加强创业培训师资队伍建设，将具备企业管理专长和实践经验的各类高素质人才充实到创业培训师资队伍中。定期开展研讨交流、观摩教学等活动，不断提升教学水平。要加强对创业培训的全过程督导，确保培训质量。

（十三）健全创业服务体系。各区县政府要建立健全公共创业服务机构，加强创业服务人员队伍建设。各区县、街道（乡镇）要进一步完善公共创业服务机构的功能，积极探索以购买服务的方式，吸纳社会优质资源为创业者提供专业化的服务。进一步完善创业服务，形成集政策咨询、项目开发、创业培训、创业孵化、小额贷款、开业指导、后续扶持等一体化的服务体系。组织创业指导专家团，鼓励和支持创业指导专家和社会创业服务机构参与创业服务、创业咨询和创业孵化。根据各区县的区域特点和不同创业群体的创业需求，广泛开展创业见习、创业实训、创业互助、导师帮扶、创业大赛等形式多样的创业服务活动，鼓励引导更多的劳动者积极创业、理性创业、成功创业。

四、加强组织领导，形成创业合力

（十四）建立工作协调机制。建立由市人力社保局牵头，市发展改革委、市教委、市科委、市经济信息化委、市民政局、市财政局、市市政市容委、市农委、市商务委、市地税局、市工商局、市统计局、市金融局、市知识产权局、北京银监局、人民银行营业管理部、市总工会、团市委、市妇联、市工商联、市残联以及相关行业协会共同参与的市创业工作联席会议制度，联席会议办公室设在市人力社保局。市创业工作联席会议负责协调组织各部门制定支持优化创业服务环境的政策，对全市创业工作进行指导、协调、监督和检查。各区县政府要相应建立本区县创业工作联席会议制度，统筹规划本区域创业工作的发展战略，协调解决本区域创业工作中的重大问题，积极营造创新创业环境，落实各项创业政策，总结推广典型经验，推动创业工作的全面开展。充分发挥工商联、工会、共青团、妇联、残联以及其他社会组织的作用，共同做好创业带动就业工作。

（十五）建立目标责任制。完善市、区县、街道（乡镇）三级目标管理体系，将创业工作纳入政府就业工作目标，作为各级政府考核的一项重要内容。以优化创业环境、落实创业政策以及提高创业培训效果、创业服务质量、创业带动就业效应等作为衡量就业工作的重要指标，列入年度综合考评。要加大督促检查力度，对优化创业环境、落实创业政策、健全创业服务以及创业主体发展、创业带动就业等定期督查，及时通报。要将创业奖励纳入就业再就业奖励范围，对创业工作中涌现出来的创业先进集体、先进个人和创业明星进行表彰和奖励。

（十六）加强信息交流和研究。各地区、各相关部门要及时将本地区、本部门的创业工作进展情况报市创业工作联席会议办公室。市创业工作联席会议办公室要定期召开工作例会，编辑整理工作动态，及时向市委、市政府汇报全市创业工作进展情况，并在全市通报。开展创业统计研究。在已有的就业统计指标体系和统计制度的基础上，积极开展创业统计指标设计研究工作，确定创业工作考评量化标准，为建立科学完善的创业工作考评体系提供参考。

各地区、各部门要充分认识推进创业工作的重要意义，研究制定相应工作方案，切实加强领导，明确工作任务，有效落实责任，积极营造具有首都特色的创新创业环境，全面推动创业带动就业的深入开展。

北京市顺义区人民政府办公室关于印发《顺义区社会公益性就业组织管理办法（试行）》的通知

顺政办发〔2015〕12 号

各镇人民政府，地区和街道办事处，区政府各委、办、局，各区属机构：

《顺义区社会公益性就业组织管理办法（试行）》已经 2015 年 4 月 8 日第 8 次区政府常务会议讨论通过，现印发给你们，请结合各自实际，认真贯彻执行。

北京市顺义区人民政府办公室

二〇一五年四月二十四日

顺义区社会公益性就业组织管理办法（试行）

第一章　总　则

第一条　为平稳有序、城乡统一地推进我区社会公益性就业组织建设，更加充分地利用公益性岗位资源安置城乡就业困难人员，根据《北京市就业援助规定》《北京市人力资源和社会保障局 北京市财政局关于印发〈北京市社会公益性就业组织管理试行办法〉的通知》（京人社就发〔2014〕170 号）和《北京市人力资源和社会保障局关于贯彻落实〈北京市社会公益性就业组织管理试行办法〉有关工作的通知》（京人社就发〔2014〕182 号），结合本区实际，制定本办法。

第二条　社会公益性就业组织是本区内政府部门、镇政府、街道办事处承接实施各级政府部署组织的社会公共管理服务、绿色生态建设等公益性项目，用于安置本区城乡就业困难人员的就业实体。

第三条　我区公益性岗位设定与开发整体上应遵循因事设岗、按需定员、总量控制的原则，科学安排，充分发挥公益性岗位作用。

第四条　成立顺义区社会公益性就业组织工作组（以下简称“工作组”），由区人力社保局牵头，成员单位包括区财政局、各镇政府及街道办事处、公益性项目的承接单位。

第五条　社会公益性就业组织管理按照“谁用人、谁主管、谁负责”原则，根据岗位类别确定管理归属，由公益性项目的承接单位成立社会公益性就业组织，在工作组监管下实施管理。

工作组成员单位应履行以下管理职责：

（一）区人力社保局负责本地区社会公益性就业组织的规划、建设和管理；负责公益性岗位的征集、评估和管理；负责社会公益性补贴的申请、核查和监督管理；负责本地区相关资金政策的制定和落实，审批拨付资金并对资金使用进行监督、指导、检查和绩效评估等。

（二）区财政局负责社会公益性补贴的拨付、指导和监督，定期会同区人力社保局对社会公益性就业组织专项经费使用情况进行检查。

（三）公益性项目的承接单位负责社会公益性就业组织建设的具体工作和日常管理，按照市、区政策规定承接实施公益性项目，安置本区城乡就业困难人员。

（四）各镇政府、街道办事处负责协助社会公益性就业组织开展招聘工作；安置人员退出后，负责将其继续列为重点帮扶对象，为其提供职业介绍、职业指导、政策咨询、职业培训等公共就业服务，促进其实现市场就业。

第二章　组织建设

第六条　区人力社保局负责受理区政府部门或镇政府部署组织、出资或各级财政共同出资的公益性岗位纳入社会公益性就业组织的申请，经分析评估，对符合条件的提出纳入意见，并报市人力社保局审核认定。

认定成为社会公益性就业组织后，如备案信息发生变化或需要撤销、合并、调整的，按《北京市人力资源和社会保障局 北京市财政局关于印发〈北京市社会公益性就业组织管理试行办法〉的通知》（京人社就发〔2014〕170 号）执行。

第七条　社会公益性就业组织应设置管理岗位，由专人负责管理。根据本单位实际，制定社会公益性就业组织建设运行方案、规章管理制度和资金保障措施等内容。

第三章　岗位招聘与资格认定

第八条　社会公益性就业组织招聘人员时，应坚持"公开、公平、公正"的原则，按照规定的人员范围及标准，对经市人力社保局和市财政局认定后的公益性岗位开展招聘工作；各镇政府、街道办事处对报名人员进行资格认定，留存相关身份证明材料和公共就业服务记录。

原有社区公益性就业组织人员可直接纳入社会公益性就业组织。

第九条　社会公益性就业组织实行全日制用工管理，在公益性项目实行期限内，与安置人员签订劳动合同，为安置人员按时足额发放工资、缴纳社会保险，提供相关福利待遇和劳动保护等。

第四章　安置人员管理

第十条　社会公益性就业组织应明确岗位工作职责，制定相应管理制度和考核办法，对安置人员岗前、岗中期间实施以下管理。

1. 岗前培训。安置人员在上岗前，社会公益性就业组织应对其进行包括各项管理制度、劳动合同书及附件内容、岗位职责和职业技能等方面的教育培训，培训合格后方能上岗。

2. 岗中管理。社会公益性就业组织应按照国家有关法律法规制定本单位公益性岗位管理制度，内容应包含培训、考核、奖惩等内容。

社会公益性就业组织应保障安置人员享有法定休息、休假权利。根据岗位特点，合理安排安置人员的工作时间并制定轮休假制度。因工作需要安排安置人员延长工作时间或在节假日加班的，应按《劳动法》执行。

第十一条　社会公益性就业组织对安置人员退休、工作变动、自然减员等情况要及时核减，并按要求报区人力社保局备案。

第十二条　区人力社保局根据社会公益性就业组织岗位管理情况研究决定是否补员，批准后可按本办法第八条规定重新组织招聘。

出现下列情况之一的将暂停补员，待问题得到有效解决后方可补员。

（一）经核实，因社会公益性就业组织管理不善出现安置人员投诉、上访、举报情况的。

（二）安置人员存在长期脱岗、带薪兼职等违反政策和法律法规情况的。

（三）社会公益性就业组织未按本办法规定执行的。

（四）社会公益性补贴出现违规操作或未按规定执行的。

第十三条 安置人员除依法终止劳动合同外，如有下列情形之一的，由社会公益性就业组织提交书面申请，报区人力社保局备案；核查属实的，社会公益性就业组织依法与其解除劳动合同。

1. 通过其他途径已实现就业的。
2. 无正当理由不能坚持正常工作的。
3. 非本人完成工作，另找他人顶替的。
4. 无故旷工连续 15 天或一年内累计旷工 30 天的。
5. 有违法行为或严重违反管理制度的。
6. 户口迁出本区的。
7. 考核不合格或不能胜任本职工作的。
8. 有其他不适合从事公益性岗位工作行为的。

根据《中华人民共和国劳动合同法实施条例》，社会公益性就业组织与安置人员签订的劳动合同不适用《劳动合同法》有关无固定期限劳动合同规定及支付经济补偿的规定。

第十四条 安置人员享受政策到期后要严格按照规定从岗位上退出。各镇政府、街道办事处要积极稳妥地做好政策到期人员退出公益性岗位的工作，对年龄偏大、就业困难、生活无来源的人员，及时做好就业服务工作。

第五章 考核监督

第十五条 区人力社保局要会同工作组成员单位，每年对各社会公益性就业组织在组织建设、岗前、岗中、退出和资金管理5个方面进行考核评估。

第十六条 社会公益性就业组织或安置人员以欺诈、伪造材料或其他手段虚报冒领补贴资金的，一经查实，除追回所有补贴资金外，还要依法依纪追究有关人员的责任，视情节轻重取消 1 至 12 个月的增补资格或缩减岗位指标。

第六章 附 则

第十七条 本办法实施后镇政府、街道办事处已建立的社区公益性就业组织变更为社会公益性就业组织的，原安置人员转入社会公益性就业组织并重新签订劳动合同。

第十八条 社区公益性就业组织变更为社会公益性就业组织前，继续按照《北京市劳动和社会保障局关于印发〈北京市社区公益性就业组织安置就业特困人员专项补贴管理办法〉的通知》（京人社办发〔2009〕7 号）执行，不得新增人员。

第十九条 本办法自 2015 年 7 月 1 日起施行。

顺义区人民政府关于贯彻落实《中华人民共和国劳动合同法》《中华人民共和国就业促进法》的意见

顺政发〔2007〕65号

各镇人民政府，地区和街道办事处，区政府各委、办、局，各区属机构：

为全面贯彻落实《中华人民共和国劳动合同法》（以下简称《劳动合同法》）和《中华人民共和国就业促进法》（以下简称《就业促进法》），全面实施劳动合同制度，建立健全政府促进就业的基本就业制度，依法规范劳动用工管理，发展和谐稳定劳动关系，促进劳动者提高职业技能水平，实现高质量就业，增强就业稳定性，现提出如下意见。

一、充分认识全面实施劳动合同制度和落实政府促进就业职能的重要性

《劳动合同法》是新时期全面调整劳动关系的一部重要法律。劳动合同制度是调整劳动关系的一项基本制度。深入贯彻《劳动合同法》，依法维护用人单位和劳动者双方的权利和义务，明确双方的法律责任，首要的工作是在全区范围内推进劳动合同制度。全面实施劳动合同制度，既是从源头上规范用人单位劳动用工行为、有效预防劳动争议的必要条件，也是促进劳动关系和谐发展、维护社会稳定、构建和谐顺义的重要举措。

《就业促进法》是我国第一部有关就业工作的专门法律，确定了政府在促进就业工作中的主导地位，进一步明确了促进就业是政府的最基本职能之一。深入贯彻落实《就业促进法》，首要的工作是建立促进就业的政府责任体系，完善政府促进就业的政策支持体系，落实政府促进就业、治理失业的职责。

各镇政府、街道办事处、相关部门要认真学习贯彻《劳动合同法》和《就业促进法》，提高对全面实施劳动合同制度和贯彻落实政府促进就业责任重要性的认识，切实加强领导，采取有效措施，全力做好两法的落实工作。要全面推行劳动合同制度，实现各类企业与劳动者普遍签订劳动合同；在促进就业方面，要完善区镇村就业责任考核体系、就业政策支持体系、职业技能培训体系和多层次的就业服务体系的基本就业制度。

二、全面实施劳动合同制度

（一）做好调查摸底，准确掌握基础数据

区劳动保障、人事、工商、统计等部门要加强协调配合，明确责任分工，深入开展辖区内各类用人单位劳动用工情况的摸底调查，全面准确摸清各类用人单位的户数、职工人数和劳动合同签订情况。

区劳动保障部门要加快建立劳动用工备案制度和劳动用工信息数据库，逐步实现对用人单位劳动用工以及签订、履行劳动合同情况的动态管理。要加强对用人单位实行劳动合同制度的指导和监督，以非公企业，特别是中小企业和个体工商户为重点，着力开展劳动合同签

订工作。

（二）加大劳动保障监察执法力度，强化劳动争议处理工作

劳动保障部门要加大对用人单位签订劳动合同和落实国家劳动标准情况的监察执法力度，加强日常巡查、举报专查和专项执法检查工作，切实提高劳动合同签订率，维护劳动者的合法权益。要会同建设管理、安全生产监督、卫生等有关行政管理部门开展对重点行业、重点企业、重点人群劳动合同签订和履行情况的检查，及时查处违法行为。要将用人单位签订劳动合同情况列入劳动保障书面审查内容和建立用人单位劳动保障守法诚信档案的重要内容，对存在违法用工行为且不认真整改的企业给予处罚，并在新闻媒体上通报，确保劳动合同制度的贯彻落实。

劳动争议处理机构要认真分析研究，及早制定工作预案，增强及时化解矛盾纠纷的预见性和主动性。

各镇政府、街道办事处要按照属地负责原则，加强对本地区企业的监督管理和检查，全力维护本地区劳动关系和谐稳定。对由于监管不力造成重大劳动关系矛盾突出的地区的政府行政负责人，依法给予行政责任追究。

（三）加强协调劳动关系三方机制建设，大力推进劳动关系和谐发展

区劳动保障、工会、企业联合会等部门要加强协调劳动关系三方联席会议制度建设，多渠道、多层面、多载体开展《劳动合同法》宣传普及工作，营造贯彻《劳动合同法》、全面推进实施劳动合同制度的社会氛围。要将推进实施劳动合同制度与深入开展创建和谐劳动关系单位、和谐劳动关系产业功能区活动紧密结合，通过扩大活动覆盖面，推动用人单位实施劳动合同制度，提高劳动合同签订率。指导用人单位通过集体协商、签订集体合同，建立和完善内部劳动关系协调机制，不断提高劳动合同管理水平，构建“规范有序、公平合理、互利共赢、和谐稳定”的社会主义新型劳动关系。

（四）充分发挥工会组织监督作用，促进劳动合同制度的落实

工会组织要从协调劳动关系的源头抓起，帮助和指导劳动者依法签订和履行劳动合同，加强对用人单位履行劳动合同情况的监督检查。要建立健全工会组织全程参与劳动合同管理工作的机制，提高工会干部的参与意识和维权能力；指导和督促基层工会组织积极参与本单位劳动合同制度的建立和管理工作，通过职工代表大会、厂务公开民主管理制度，调动劳动者参与用人单位管理的积极性，增强维权意识和维权能力，切实保证劳动合同制度贯彻落实。

（五）积极推进劳动关系协调队伍建设

在完善区级劳动关系协调队伍建设的同时，按照网络化管理模式，依托各镇政府、街道办事处的社会保障事务所，搭建基层劳动关系工作平台，充实基层劳动保障关系协调队伍的力量，形成自上而下的组织体系，将协调劳动关系工作向基层延伸，协助监察执法和调处劳动争议，为构建和发展和谐稳定的劳动关系提供组织保障。

三、进一步落实政府促进就业职能

（一）强化政府责任，将促进就业工作纳入政府考核及国民经济和社会发展规划

要将经济发展与扩大就业统筹考虑，坚持在发展中解决就业问题，扩大就业规模。认真落实

就业“三同时”制度，把吸纳本地区劳动力就业作为重要条件列入招商引资的合同条约，要更大程度地增加就业岗位、安置人员，实现经济发展与扩大就业的良性互动。要进一步建立和完善政府促进就业工作目标监督考核和奖惩制度，将就业工作列入区政府对镇政府、街道办事处的一项重要考核指标，严格考核。

各镇政府、街道办事处要根据本地区经济发展情况，研究制定就业中长期规划和年度计划，制定具体实施步骤和措施，落实促进就业和治理失业的各项指标。对于未落实就业政策，造成本地区就业工作出现重大失误的镇和街道，依法追究该地区政府行政负责人的行政责任。

要加大对吸纳本地区劳动力就业做出重大贡献的企业的奖励力度，促进本地区企业积极吸纳本区劳动力就业。

（二）建立资金专户，建立促进就业的财政保障机制

区财政要根据本地区的实际情况，认真分析就业形势和特点，调整财政支出结构，建立促进就业的财政保障机制，不断增强政府促进就业的财政保障能力。各镇政府、街道办事处要根据地区经济发展特点，适当安排一定资金用于就业再就业工作，不断完善促进就业的政策支持体系和就业服务体系，更好地促进本地区劳动力就业。

（三）健全就业服务体系，提高就业服务水平

完善全区公共就业服务体系，充实公共就业服务队伍力量，增加对公共职业介绍机构的投入，完善职业介绍的功能，提高公共职业介绍机构的服务水平，为劳动者提供免费的就业服务。适当发展民营职业介绍机构，建立健全多元化、多层次的职业介绍服务体系，满足劳动者的不同需求。

各镇政府、街道办事处要加强本地区公共就业服务体系建设，明确公共服务机构的范围、职能、定位以及资金保障；要切实加强村级就业服务站建设，将公共就业服务网络平台延伸至村，使就业服务工作深入最基层。

区劳动保障部门要加强对职业介绍机构的规范和管理，实行市场准入制，加强市场监管力度，促进劳动者通过市场实现就业。

（四）完善就业困难群体的帮扶机制，促进困难群体就业

建立健全就业援助制度，依法采取税费减免、贷款贴息、社会保险补贴、岗位补贴等办法，并制定优惠政策，加大对就业困难群体的帮扶力度。适当开发公益性就业岗位，用于就业困难群体就业。巩固并扩大促进“零就业家庭”劳动力就业的成果，建立健全“零就业家庭”帮扶长效机制，形成全社会共促“零就业家庭”劳动力就业的氛围。

（五）健全培训体系，提高全体劳动者的职业技能水平

各镇政府、街道办事处、相关部门要充分认识职业技能培训的重要性，切实做好劳动力培训工作，努力提高劳动力职业技能水平。区劳动保障、人事、教育等部门要紧密配合，建立联席会议制度，形成促进劳动者参加培训、提高职业技能培训的合力。区劳动保障部门要结合全区经济发展趋势，研究制定培训的中长期规划，指导全区职业技能培训机构，设置培训项目，调整培训内容，并对培训机构的培训质量进行监督。各镇政府、街道办事处要根据本地区劳动力的结构状况，制定培训补贴政策，创新培训模式，积极引导本地区劳动力自觉参加培训。

四、各类用人单位要严格贯彻《劳动合同法》和《就业促进法》，全面落实国家劳动保障标准和促进就业的精神

用人单位要严格按照《劳动合同法》和《就业促进法》的要求，在招用人员时本着公平、公正的原则，向劳动者提供平等的就业机会和公平的就业条件，不得实施就业歧视。在招用人员后要依法履行劳动用工管理规定，自用工之日起应与劳动者建立劳动关系，订立书面劳动合同，明确劳动者和用人单位双方的权利义务。对符合订立或续订无固定期限劳动合同条件的，用人单位必须与劳动者订立或续订无固定期限劳动合同。用人单位与劳动者解除或终止劳动合同的，必须依法向劳动者支付经济补偿。用人单位必须依法建立和完善有关劳动报酬、工作时间、休息休假、劳动安全卫生、保险福利、职工培训、劳动纪律及劳动定额管理等方面的劳动制度，提高劳动合同管理水平，认真执行国家劳动标准，建立公平合理的工资分配制度和工资正常增长机制，按时足额支付劳动者的劳动报酬，并依法参加社会保险，加强劳动保护，保障劳动者合法权益。

北京市顺义区人民政府关于印发《顺义区促进五彩浅山地区就业创业工作的意见》的通知

顺政发〔2015〕32 号

各镇人民政府，地区和街道办事处，区政府各委、办、局，各区属机构：

《顺义区关于促进五彩浅山地区就业创业工作的意见》已经2015年7月16日第17次区政府常务会议讨论通过，现印发给你们。请结合实际，认真依照执行。

北京市顺义区人民政府

二〇一五年八月三十日

顺义区关于促进五彩浅山地区就业创业工作的意见

为深入贯彻《中共北京市顺义区委 北京市顺义区人民政府关于加快推进五彩浅山开发建设的实施意见》（京顺发〔2013〕18 号），促进五彩浅山地区实现更加充分就业，推动区域就业均衡发展，加快全区城乡一体化步伐，结合我区实际，现就进一步做好五彩浅山地区就业创业工作提出如下意见。

一、明确目标任务，把五彩浅山地区就业工作摆在更加突出的位置

（一）总体要求

深入贯彻落实党的十八大、十八届三中、四中全会精神，紧紧围绕“建设绿色国际港，打造航空中心核心区”的奋斗目标，立足区域功能定位，积极主动适应新常态，以就业优先、人才优先双优先战略为指导，以改善群众生活为根本目标，坚持就业、创业并重原则，汇集各项促进就业、创业政策优势，统筹考虑五彩浅山地区就业收入、社会保障、农民产业化等方面内容，大幅提高五彩浅山地区城乡居民收入，使五彩浅山地区公共就业服务水平得到进一步提升，就业结构性矛盾得到有效缓解，就业困难群体得到有效帮扶，城乡劳动力就业质量和就业层次得到显著提高。

（二）基本原则

1. 坚持有利于扩大就业、提升就业质量的产业发展原则。树立“生态发展，绿岗就业”理念，坚持在生态建设中吸纳就业、在绿色资源管护中促进就业，不断增加就业岗位有效供给，努力促进五彩浅山地区城乡居民实现绿色就业和更高质量就业。

2. 坚持有利于促进自主创业、自谋职业的环境营造原则。引导和鼓励五彩浅山地区各类群

体创业，鼓励扶持五彩浅山区域创业项目开发建设，有效引导五彩浅山地区城乡居民利用本地资源成功创业，带动全民创业热情，并有效带动就近就地就业。

二、进一步完善和落实就业政策，推进五彩浅山地区就业创业工作

积极帮助和扶持有劳动能力和就业要求的五彩浅山地区城乡居民更好就业。五彩浅山地区劳动力就业创业符合市级相关政策的，按市级政策执行；不符合市级相关政策的，按本意见执行。

（一）鼓励用人单位招用五彩浅山地区劳动力

1. 用人单位（含一产员工制企业，下同）当年新招用五彩浅山地区城乡劳动力，发放不低于当年本市职工最低工资标准 1.2 倍工资，签订 1 年及以上期限劳动合同并缴纳 5 项职工社会保险的，给予最长不超过 5 年的社会保险补贴和岗位补贴。

用人单位招用已进行失业登记的“4050”人员、残疾人员、低保人员、初次进京随军家属、登记失业 1 年以上人员、“零就业家庭”劳动力等就业困难人员，按照《北京市人力资源和社会保障局　北京市财政局关于印发〈用人单位岗位补贴和社会保险补贴管理办法〉的通知》（京人社就发〔2012〕308 号，以下简称《通知》）享受社会保险补贴和岗位补贴。

用人单位招用其他登记失业人员，在《通知》规定的社会保险补贴期满后，可再延长享受最长不超过 2 年的社会保险补贴，补贴以本市社会保险最低缴费基数为补贴基数；在享受社会保险补贴期间，按照每人每年 3000 元的标准享受岗位补贴。

2. 用人单位当年新招用五彩浅山地区就业困难人员，与其签订 1 年及以上期限劳动合同，并享受市级社会保险补贴的，按照每人每月上年度北京市最低工资 80% 的标准，给予用人单位工资性补贴，最长补贴 3 年。

（二）鼓励城乡居民自主创业（自谋职业）

五彩浅山地区城乡居民在本地区自主创业（自谋职业），并从事绿色生态农业、民俗旅游、文化创意等符合本地区产业发展规划的项目，可以申请社会保险补贴和贷款贴息。

1. 凡五彩浅山地区城乡劳动力在本区内自主创业（自谋职业），依法申领个体户或企业营业执照、税务登记证，正常经营 3 个月以上，缴纳职工社会保险，在正常经营期间可以享受最长不超过 5 年的社会保险补贴，社会保险补贴应在取得营业执照后 1 年内进行初次申请，逾期不予补贴。社会保险补贴标准按照北京市自主创业（自谋职业）补贴标准执行。

2. 五彩浅山地区城乡居民在本地区自主创业（自谋职业）1 年内，在商业银行获得了创业贷款，创业贷款额度最高不超过 50 万元，并在贷款期限内正常还款的，给予贷款利息补贴，最长补贴 3 年。在贷款基准利率基础上上浮 3 个百分点以内的，按照实际贷款利息数额给予全额利息补贴，超出部分不予补贴。展期和逾期不贴息，已获得小额担保贷款贴息的项目不再重复享受。

（三）鼓励城乡劳动力提高技能水平

广泛利用社会培训资源，为五彩浅山地区劳动力提供多层次、多形式的免费职业技能培训，重在提高工作能力、职业转换能力和创业能力。五彩浅山地区劳动力每年可享受不限工种、不限等级的免费职业技能培训，培训后经鉴定取得国家职业资格证书，定点培训机构可申请培训补贴，初级工每人补贴 1150 元，中级工每人补贴 1400 元，高级工每人补贴 2000 元。

（四）鼓励边远地区劳动力跨区域就业

五彩浅山地区在首都机场及周边重点经济功能区就业的劳动力，与用人单位依法签订1年及以上期限劳动合同，按规定缴纳5项职工社会保险，给予劳动力本人交通补贴，补贴标准为每人每季度200元。交通补贴标准随着公交票价调整金额适时调整。

（五）鼓励银发人员进入产业就业

达到法定退休年龄但职工社保缴费不足15年需延期缴费的五彩浅山地区户籍人员，继续在二三产业（含一产员工制）企业就业并缴纳职工社保，在岗期间给予社会保险补贴，社会保险补贴标准为每人每年8000元，最长补贴至男65周岁、女55周岁。

三、加强促进就业责任体系建设，营造全区共同促进就业的良好氛围

（一）加强组织领导，落实保障资金。全区各部门、各单位要将促进五彩浅山地区就业创业、提升就业质量纳入经济和社会发展优先目标，统筹规划。实行有利于促进就业的财政政策，建立政府对就业投入的保障机制，在公共财政预算和支出中重点安排就业专项资金，并积极争取市级失业保险基金支持，同时提高政策资金使用效率，每3年进行一次绩效评估，根据情况适度调整。顺义区社会保障和就业工作领导小组成员单位要认真履职，相互配合，努力营造全区共促五彩浅山地区就业创业的良好氛围。五彩浅山地区各镇要建立统一领导、分工协作的就业再就业工作机制，将促进城乡劳动力就业工作纳入本镇重点工作内容。其他街道（镇）要与五彩浅山地区建立"手拉手"就业协作机制，帮助五彩浅山地区劳动力实现跨区域高质量就业。

（二）拓展就业岗位，完善服务体系。围绕区域功能定位和重点产业发展，积极开发就业岗位，特别是绿色生态农业、民俗旅游、文化创意等绿色就业岗位，实现浅山区生态产业发展与促进就业的良性互动。落实项目引进与就业需求预测、项目审批与就业安置、项目建设与就业服务同时进行的"三同时"制度，依托新、续建项目专员负责和"一企一卡"预约服务2项制度，切实将经济增长带来的就业机会转化为就业岗位，促进各类项目实施企业优先使用本地区劳动力。加强五彩浅山地区基层公共就业服务平台标准化建设，推进"一刻钟就业服务圈"工程，不断提升公共就业服务能力和水平。

（三）加强宣传引导，营造舆论氛围。充分利用各类媒体和多种宣传形式，深入做好就业和创业宣传工作。区电台、区电视台和区信息中心要开辟专栏，积极宣传各项就业创业扶持政策、各类积极就业创业的个人典型事例以及积极吸纳就业的企业典型做法，激发大众就业和创业热情，鼓励企业积极履行吸纳就业的社会责任，建设充分就业文化，真正形成政府鼓励就业创业、社会支持就业创业、民众积极就业创业的良好氛围。

本意见自2015年10月1日起施行。

关于印发《用人单位岗位补贴和社会保险补贴管理办法》的通知

京人社就发〔2012〕308号

各区县人力资源和社会保障局、财政局、各类用人单位：

为鼓励用人单位招用本市城乡就业困难人员和登记失业人员，提升促进就业质量，帮助更多劳动者实现稳定就业，我们制定了《用人单位岗位补贴和社会保险补贴管理办法》，现印发给你们，请遵照执行。

二〇一三年一月四日

附件：1. 用人单位岗位补贴和社会保险补贴管理办法

2. 用人单位享受岗位补贴和社会保险补贴申请表（样式）

3. 用人单位（非劳务派遣企业）岗位补贴和社会保险补贴首次申请人员花名册（样式）

4. 劳务派遣企业岗位补贴和社会保险补贴首次申请人员花名册（样式）

5. 用人单位（非劳务派遣企业）享受岗位补贴和社会保险补贴人员花名册（样式）

6. 劳务派遣企业享受岗位补贴和社会保险补贴人员花名册（样式）

7. 用人单位岗位补贴和社会保险补贴申请材料受理书（样式）

附件1：

用人单位岗位补贴和社会保险补贴管理办法

第一章　总　则

第一条　为统一促进城乡就业，发展绿色就业，帮助本市更多城乡劳动者通过被用人单位招用，提升就业质量，实现稳定就业，根据《中华人民共和国就业促进法》，结合本市实际情况，制定本办法。

第二条　本市行政区域内的企业、民办非企业单位、事业单位、社会团体及个体工商户等各类用人单位（以下统称“用人单位”），招用本市登记失业人员和农村就业困难人员（以下统称“补贴对象”），依法签订1年及以上期限劳动合同、按规定缴纳职工社会保险、按月足额发放不低于当年本市职工最低工资标准1.2倍的工资，可申请享受岗位补贴和社会保险补贴。

国家机关、全额拨款事业单位、各级政府公共管理服务项目、村集体组织公益性项目以及农民专业合作社、未经改制的村集体经济实体不列入岗位补贴和社会保险补贴范围。

第三条　岗位补贴和社会保险补贴是鼓励引导用人单位招用符合条件城乡劳动者的资金补助，所需资金从失业保险基金列支。

第四条　市人力资源和社会保障局（以下简称“市人力社保局”）、市财政局负责岗位补贴和社会保险补贴政策的研究制定完善和组织贯彻落实，岗位补贴和社会保险补贴申请的审批、资金拨付和监督检查等。

区县人力资源和社会保障局（以下简称“区县人力社保局”）负责岗位补贴和社会保险补贴政策的贯彻落实，用人单位岗位补贴和社会保险补贴申请的接收受理、初步审核、资金拨付和监督检查等。

第二章　补贴的标准和年限

第五条　用人单位可按以下条件申请享受岗位补贴和社会保险补贴。

（一）招用进行了失业登记或农村劳动力转移就业登记的本市城乡“4050”人员、残疾人员、低保人员、初次进京随军家属、登记失业1年以上人员、“零就业家庭”劳动力、“纯农就业家庭”劳动力的，在劳动合同期限内可申请享受最长不超过5年的岗位补贴和社会保险补贴。

（二）招用未实行就业失业管理的绿化隔离建设、资源枯竭、矿山关闭或保护性限制等农村就业困难地区，且进行了转移就业登记的农村劳动力的，在劳动合同期限内可申请享受最长不超过5年的岗位补贴和社会保险补贴。

（三）招用除本条第（一）项规定外本市其他登记失业人员的，在劳动合同期限内可申请享受最长不超过3年的社会保险补贴。

补贴对象出现退休、死亡等情况的，可根据用人单位与其实际履行的劳动合同，申请享受岗位补贴和社会保险补贴。

第六条　岗位补贴标准为每人每年5000元。社会保险补贴以本市上年度职工月平均工资标准的60%为最高补贴基数，低于本市上年度职工月平均工资标准60%的，按照实际缴费基数予以补贴。基本养老保险补贴20%，医疗保险补贴10%，失业保险补贴1%。

本办法第五条第（三）项规定的社会保险补贴，以本市社会保险最低缴费基数为补贴基数。

第七条　劳动合同期限届满，用人单位与补贴对象续签劳动合同且未达到最长补贴期限的，可根据续签劳动合同的期限继续申请享受岗位补贴和社会保险补贴，直至累计达到最长补贴期限。

用人单位与补贴对象终止或解除劳动关系后，重新招用的不能申请享受岗位补贴和社会保险补贴。

第三章　补贴的申请和审批

第八条　岗位补贴和社会保险补贴按照“先招后补”的原则申请审批。用人单位招用补贴对象，按规定办理单位就业登记或转移就业登记手续，并履行劳动合同满半年或1年的，可于次月起90日内提出首次申请。经市人力社保局批准后，在享受期内用人单位可于履行劳动合同每满半年或1年后的次月起90日内提出申请。

第九条　用人单位首次为所招用的补贴对象申请岗位补贴和社会保险补贴，应向注册或经营所在地区县人力社保局提交下列材料。

（一）企业法人营业执照、事业单位法人证书、民办非企业单位登记证书、个体工商户营业执照、社会团体法人登记证书等用人单位法定证明材料副本复印件，以及中华人民共和国组织机构代码证副本复印件。

改制村集体企业应同时提交有关部门出具的改制证明复印件。

（二）社会保险登记证及复印件（原件审核后退回）。

（三）《用人单位享受岗位补贴和社会保险补贴申请表》（附件2）、《用人单位（非劳务派遣企业）岗位补贴和社会保险补贴首次申请人员花名册》（附件3）或《劳务派遣企业岗位补贴和社会保险补贴首次申请人员花名册》(附件4,一式两份)。

(四)经街道(乡镇)社会保障事务所盖章的《用人单位招用人员就业登记表》或《北京市农村劳动力转移就业登记表》复印件。

(五)银行出具的含补贴对象申请期内的工资明细表及记账凭证复印件。

(六)属于劳务派遣用工的应提交与用工单位签订的劳务派遣协议原件。

(七)低保人员、初次进京随军家属等补贴对象应提交相关证明材料。

(八)市人力社保局要求提交的其他材料。

用人单位提交申请材料涉及复印件的,应加盖单位公章并标注“与原件一致”。

第十条 用人单位申请市人力社保局批准的享受期内的岗位补贴和社会保险补贴时,应提交下列材料。

(一)《用人单位享受岗位补贴和社会保险补贴申请表》《用人单位(非劳务派遣企业)享受岗位补贴和社会保险补贴人员花名册》(附件5)或《劳务派遣企业享受岗位补贴和社会保险补贴人员花名册》(附件6,一式两份)。

(二)银行出具的含补贴对象申请期内的工资明细表及记账凭证复印件。

(三)属于劳务派遣用工的应提交与用工单位签订的劳务派遣协议原件。

(四)补贴对象劳动合同届满,用人单位与其续签劳动合同且享受期未达到岗位补贴和社会保险补贴最长期限的,用人单位申请补贴时,还应提交含续签内容的劳动合同书原件。

(五)市人力社保局要求提交的其他材料。

用人单位提交申请材料涉及复印件的,应加盖单位公章并标注“与原件一致”。

第十一条 区县人力社保局收到用人单位申请材料5个工作日内,对下列情形核对无误后,出具《用人单位岗位补贴和社会保险补贴申请材料受理书》(附件7)。

(一)用人单位按照规定提交了申请材料。

(二)证明材料原件与复印件内容一致。

(三)《用人单位享受岗位补贴和社会保险补贴申请表》所填内容与证明材料一致。

(四)《用人单位(非劳务派遣企业)岗位补贴和社会保险补贴首次申请人员花名册》和《劳务派遣企业岗位补贴和社会保险补贴首次申请人员花名册》人员按规定办理了单位就业登记或转移就业登记。

(五)需要核对的其他内容。

申请材料不齐或信息有误的,区县人力社保局退回申请材料,一次性告知用人单位应补正的内容。

第十二条 区县人力社保局受理用人单位首次为所招用补贴对象提交的申请材料,15个工作日内重点对下列内容进行审核,提出初审意见,连同用人单位申请材料等上报市人力社保局。

(一)用人单位及补贴对象是否符合文件规定范围。

(二)补贴对象的工资发放情况是否符合文件规定。

(三)社会保险缴费情况是否符合文件规定。

(四)用人单位申报劳动关系情况是否与就业登记或转移就业登记记录情况一致,是否符合规定条件。就业登记或转移就业登记信息与用人单位申报情况不一致的,应向街道(乡镇)社会保障事务所调取有关登记材料核实。

(五)劳务派遣协议的合法性、有效性和执行情况。

(六)用人单位是否存在尚未履行完成的劳动监察行政处罚或行政处理决定。

(七)需要审核的其他情况。

第十三条 区县人力社保局受理用人单位岗位补贴和社会保险补贴享受期内的申请材料，15个工作日内重点对下列内容进行审核，提出初审意见，连同用人单位申请材料等上报市人力社保局。

（一）补贴对象的工资发放情况是否符合文件规定。

（二）社会保险缴费情况是否符合文件规定。

（三）劳务派遣协议的合法性、有效性和执行情况。

（四）用人单位是否存在尚未履行完成的劳动监察行政处罚或行政处理决定。

（五）比对、核实续签劳动合同与原就业登记或转移就业登记内容是否一致。

（六）需要审核的其他情况。

第十四条 市人力社保局于接到申请材料20个工作日内，进行复审，重点审核以下内容。

（一）区县人力社保局审核情况是否符合文件规定。

（二）补贴对象的工资发放情况是否符合文件规定。

（三）劳务派遣协议的合法性、有效性以及执行情况。

（四）补贴标准是否符合文件规定。

（五）社会保险缴费情况是否符合文件规定。

（六）比对、核实续签劳动合同与原就业登记或转移就业登记内容是否一致。

（七）其他需要审核的内容。

第十五条 复审完成后，市人力社保局将拟批准的补贴信息公示一周。对公示后无异议的，下达批复文件并按规定拨付资金；有异议的，经核实后再提出审批意见。审批未通过的，在批复文件中予以告知。

第十六条 区县社保经办机构接到市级部门拨付的补贴资金后，应及时将补贴资金拨付用人单位。

第十七条 市、区县人力社保局应对有疑义或一次性申请补贴人数较多、涉及资金数额较大的用人单位组织核查，核查记录作为审批资金的依据。

第十八条 用人单位基本信息发生变化的，应及时向区县人力社保局提交相应的证明材料进行变更。

第十九条 市、区县人力社保局应对用人单位提交的申请材料以及市、区县人力社保局受理、初审、复审及批复材料妥善保存备查。

第四章 资金的监督和管理

第二十条 申请岗位补贴和社会保险补贴的用人单位和补贴对象应对所提交材料的真实性承担法律责任，并按要求配合市、区县人力社保局开展核查工作。

用人单位或补贴对象以欺诈、伪造证明材料或其他手段骗取补贴的，一经查实，由市人力社保局取消岗位补贴和社会保险补贴享受资格，追回资金，同时将违法行为信息记入企业及个人信用信息系统；情节严重的，依法予以处罚；涉嫌犯罪的移送司法机关。

第二十一条 市、区县人力社保局、街道（乡镇）社会保障事务所工作人员违反本办法和北京市就业失业管理、农村劳动力转移就业管理的有关规定，滥用职权、玩忽职守、违规操作、徇私舞弊，造成资金损失的，依法追究行政责任，涉嫌犯罪的移送司法机关。

第二十二条 区县人力社保局、街道（乡镇）社会保障事务所应加强工作人员的政策业务培训，建立完善内部监督、复核制度，严格落实就业失业管理制度和农村劳动力转移就业管理制度、政策资金审批制度，认真查找风险点，确保资金安全。

第五章　附　则

第二十三条　市人力社保局、市财政局综合本市职工平均工资、最低工资标准、单位用人成本变化情况和人力资源市场供求和城乡就业形势变化情况，按照促进就业的需求，适时调整用人单位和补贴对象的范围以及岗位补贴和社会保险补贴标准等。

第二十四条　用人单位和补贴对象在按照本办法规定享受岗位补贴和社会保险补贴期间，不再享受本市制定的其他社会保险补贴和岗位补贴政策。

第二十五条　本办法自 2013 年 4 月 1 日起执行。原本市鼓励用人单位招用的岗位补贴和社会保险补贴等政策停止执行。

本办法实施前，已经被批准享受原本市鼓励用人单位招用的岗位补贴、社会保险补贴政策的，在按原政策享受完一个补贴年度的岗位补贴和社会保险补贴后，剩余补贴期限按本办法规定，申请享受岗位补贴和社会保险补贴。

第二十六条　本办法由市人力社保局、市财政局根据各自职责负责解释。

附件2：

用人单位享受岗位补贴和社会保险补贴申请表（样式）

<table>
<tr><td rowspan="2">※单位全称</td><td rowspan="2" colspan="2"></td><td colspan="3">※组织机构代码</td><td colspan="2"></td></tr>
<tr><td colspan="3">※社保登记证号</td><td colspan="2"></td></tr>
<tr><td colspan="8">单位基本信息</td></tr>
<tr><td>△经济类型</td><td></td><td>△隶属关系</td><td></td><td colspan="2">△行业分类</td><td colspan="2"></td></tr>
<tr><td>△单位性质</td><td></td><td>特殊说明</td><td colspan="5">差额拨款事业单位□
自收自支事业单位□
改制村集体企业□　　劳务派遣企业□</td></tr>
<tr><td>△注册地址</td><td colspan="2"></td><td colspan="2">△经营地址</td><td colspan="3"></td></tr>
<tr><td>△单位法人或负责人</td><td></td><td>△身份证号</td><td colspan="5"></td></tr>
<tr><td>△联系人</td><td></td><td>△联系电话</td><td colspan="2"></td><td colspan="2">△邮政编码</td><td></td></tr>
<tr><td colspan="8">※单位申请意见</td></tr>
<tr><td colspan="8">我单位按照《用人单位岗位补贴和社会保险补贴管理办法》（京人社就发〔2012〕308号）申请享受岗位补贴和社会保险补贴，共计________人。本次所提交的各项申请材料真实有效，不含虚假内容，我单位自愿承担由此产生的相关责任。

（公章）

单位法人或负责人：　　　　单位经办人：　　　　年　　月　　日</td></tr>
<tr><td>备注</td><td colspan="7"></td></tr>
</table>

填表说明：

1. 有※标记的为必填项，请按照实际情况填写。

2. 有△标记的项目在就业登记时填写齐全并与相关证件信息一致的，不必填写。就业登记信息不全、有误或有变化的，应在对应的需变更项中填写正确内容。农村劳动力转移就业登记中未填写齐全的单位基本情况应按照相关证件内容予以补充齐全。

附件 3：

用人单位（非劳务派遣企业）岗位补贴和社会保险补贴首次申请人员花名册（样式）

用人单位全称（盖章）：　　　　　　　　　　组织机构代码：

序号	身份证号	姓名	性别	就业失业登记证号（转移就业证号）	※户籍性质	※招用前身份	※就业困难类型	劳动合同起止时间	申请补贴		联系电话	备注
									申请补贴期限	岗位补贴和社保补贴		
								年　月至 年　月	年　月至 年　月			
								年　月至 年　月	年　月至 年　月			
								年　月至 年　月	年　月至 年　月			
								年　月至 年　月	年　月至 年　月			
								年　月至 年　月	年　月至 年　月			
								年　月至 年　月	年　月至 年　月			
								年　月至 年　月	年　月至 年　月			
								年　月至 年　月	年　月至 年　月			
								年　月至 年　月	年　月至 年　月			

填表说明：对带※标记的项目，请按照实际情况选择以下内容填写。

1. 户籍性质：①农业；②非农业。

2. 招用前身份：①登记失业人员；②转移农村劳动力。

3. 就业困难类型：①“4050”；②残疾人；③享受低保；④登记失业 1 年以上；⑤随军家属；⑥“零就业家庭”；⑦“纯农就业家庭”；⑧农村就业困难地区；⑨其他困难。

4. 岗位补贴和社保补贴：请按照申报情况在补贴项目下画“√”。

附件4：

劳务派遣企业岗位补贴和社会保险补贴首次申请人员花名册（样式）

用人单位全称（盖章）：　　　　　　　　　　　　　　　　　　组织机构代码：

序号	身份证号	姓名	性别	就业失业登记证号（转移就业证号）	※户籍性质	※招用前身份	※就业困难类型	劳动合同起止时间	申请补贴		系电话	备注
									申请补贴期限	岗位补贴和社保补贴		
								年　月至 年　月	年　月至 年　月			
								年　月至 年　月	年　月至 年　月			
								年　月至 年　月	年　月至 年　月			
								年　月至 年　月	年　月至 年　月			
								年　月至 年　月	年　月至 年　月			
								年　月至 年　月	年　月至 年　月			
								年　月至 年　月	年　月至 年　月			
								年　月至 年　月	年　月至 年　月			
组织机构代码：　　　社保登记证号： 用工单位全称： 用工单位注册地址： 用工单位经营地址：							用工单位确认意见	（公章） 负责人：　　联系人：　　联系电话：　　年　月　日				

填表说明：对带※标记的项目，请按照实际情况选择以下内容填写。

1. 户籍性质：①农业；②非农业。

2. 招用前身份：①登记失业人员；②转移农村劳动力。

3. 就业困难类型：①“4050”；②残疾人；③享受低保；④登记失业1年以上；⑤随军家属；⑥“零就业家庭”；⑦“纯农就业家庭”；⑧农村就业困难地区；⑨其他困难。

4. 岗位补贴和社保补贴：请按照申报情况在补贴项目下画“√”。

附件5：

用人单位（非劳务派遣企业）享受岗位补贴和社会保险补贴人员花名册（样式）

用人单位全称（盖章）：　　　　组织机构代码：　　　　批复文号：

序号	身份证号	姓名	劳动合同起止时间	批准补贴(元)				※再次申请补贴期限	※联系电话	备注
				批准补贴期限	小计	岗位补贴	社保补贴			
			年　月至 年　月	年　月至 年　月				年　月至 年　月		
			年　月至 年　月	年　月至 年　月				年　月至 年　月		
			年　月至 年　月	年　月至 年　月				年　月至 年　月		
			年　月至 年　月	年　月至 年　月				年　月至 年　月		
			年　月至 年　月	年　月至 年　月				年　月至 年　月		
			年　月至 年　月	年　月至 年　月				年　月至 年　月		
			年　月至 年　月	年　月至 年　月				年　月至 年　月		
			年　月至 年　月	年　月至 年　月				年　月至 年　月		
			年　月至 年　月	年　月至 年　月				年　月至 年　月		
			年　月至 年　月	年　月至 年　月				年　月至 年　月		
			年　月至 年　月	年　月至 年　月				年　月至 年　月		
			年　月至 年　月	年　月至 年　月				年　月至 年　月		

填表说明：

1. 身份证号、姓名、劳动合同起止时间、批准补贴栏均由优惠政策审批系统自动生成，不得修改。
2. 带※标记的项目，请按照实际情况填写。

附件 6：

劳务派遣企业享受岗位补贴和社会保险补贴人员花名册（样式）

用人单位全称（盖章）：　　组织机构代码：　　批复文号：

序号	身份证号	姓名	劳动合同起止时间	批准补贴(元)				※再次申请补贴期限	※联系电话	备注
				批准补贴期限	小计	岗位补贴	社保补贴			
			年 月至 年 月	年 月至 年 月				年 月至 年 月		
			年 月至 年 月	年 月至 年 月				年 月至 年 月		
			年 月至 年 月	年 月至 年 月				年 月至 年 月		
			年 月至 年 月	年 月至 年 月				年 月至 年 月		
			年 月至 年 月	年 月至 年 月				年 月至 年 月		
			年 月至 年 月	年 月至 年 月				年 月至 年 月		
			年 月至 年 月	年 月至 年 月				年 月至 年 月		
			年 月至 年 月	年 月至 年 月				年 月至 年 月		
			年 月至 年 月	年 月至 年 月				年 月至 年 月		
			年 月至 年 月	年 月至 年 月				年 月至		
组织机构代码：　社保登记证号： 用工单位全称： 用工单位注册地址： 用工单位经营地址：					用工单位确认意见	（公章） 负责人：　联系人：　联系电话：　年　月　日				

填表说明：

1. 身份证号、姓名、劳动合同起止时间、批准补贴栏均由优惠政策审批系统自动生成，不得修改。
2. 带※标记的项目，请按照实际情况填写。

附件7：

用人单位岗位补贴和社会保险补贴申请材料受理书（样式）

单位全称：________________ 组织机构代码：________________

序号	材料名称	份数	备注
提交人签字 及联系电话		受理人签字 及联系电话	

______年______月______日，____________区（县）人力资源和社会保障局收到__________________________提交的岗位补贴和社会保险补贴申请材料。经核对无误，于__________年__________月__________日予以受理。

（盖章）

年　　月　　日

顺义区人民政府关于进一步加强就业再就业工作的意见（试行）

顺政发〔2009〕40号

各镇人民政府，地区和街道办事处，区政府各委、办、局，各区属机构：

为全面推进我区城乡就业一体化进程，提高我区城乡劳动力就业质量，增强就业稳定性，根据《国务院关于做好当前经济形势下就业工作的通知》（国发〔2009〕4号）、《国务院办公厅关于加强普通高等学校毕业生就业工作的通知》（国办发〔2009〕3号）、《北京市人民政府办公厅转发市劳动保障局关于促进农村劳动力转移就业工作指导意见的通知》（京政办发〔2008〕57号）和《北京市政府办公厅关于做好2009年普通高等学校毕业生就业工作的通知》（京政办发〔2009〕16号），结合我区实际，现就进一步做好我区就业再就业工作提出如下意见。

一、明确就业工作重点，强化政府促进就业的领导责任

（一）强化政府责任，把扩大就业放在经济社会发展的突出位置

坚持“劳动者自主择业、市场调节就业、政府促进就业”的方针，努力创造公平就业环境。将扩大就业作为经济和社会发展的重要目标，纳入国民经济和社会发展规划。根据GDP增长、就业状况及就业工作目标，调整财政支出结构，合理确定财政预算中就业专项资金的投入。结合区域经济发展实际，坚持高新技术产业和劳动密集型产业并重、现代制造业与生产服务业并重的原则，重点开发现代制造业、空港物流业、文化会展业等领域的就业岗位，努力拓宽就业渠道，促进城乡就业困难人员、高校毕业生就业，实现社会就业更加充分的目标。

（二）健全就业“三同时”制度，不断扩大就业规模

在安排政府投资和确定重大建设项目时，发挥其带动就业的作用，增加就业岗位。实现经济建设项目与就业需求预测同时进行；经济建设项目与安置城乡失业人员同时进行；经济建设项目运行与提供就业服务同时进行，切实将经济增长带来的就业机会转化为就业岗位，努力实现促进经济增长与扩大就业的良性互动。

（三）加快城乡就业一体化进程，促进城乡劳动力就业均衡发展

完善城乡统一的促进就业政策，建立覆盖城乡劳动力的就业管理制度，培育城乡统一、竞争有序的人力资源市场，搭建城乡统一的公共就业服务网络，开展面向全体劳动力的职业技能培训，实行城乡统一的就业困难人员帮扶机制，促进城乡劳动力平等就业和充分就业。

二、进一步完善和落实就业政策，促进城乡劳动力就业

（一）对城乡就业困难人员进行重点扶持

积极帮助和扶持有劳动能力和就业要求的本区城乡就业困难人员尽快实现就业。城乡就业困难人员是指因年龄、身体状况、技能水平、家庭因素等原因难以实现就业，以及连续失业一定时间仍未能实现就业的人员。

本区城乡就业困难人员包括：在劳动年龄内，享受城乡低保人员、有劳动能力的残疾人、具有劳动能力和就业愿望的城乡“3545”人员（女35～49周岁、男45～59周岁城乡劳动力）、连续失业1年以上的城乡劳动力、应届高校毕业生毕业1年未实现就业的人员、初次来顺义的随军家属、零就业家庭劳动力、纯农就业家庭劳动力。

1. 鼓励用人单位招用本区城乡就业困难人员。

（1）用人单位［北京市工业促进局等部门《关于印发〈北京市关于加快退出高污染、高耗能、高耗水工业企业的意见〉的通知》（京工促发〔2007〕123号）中规定的行业、企业除外，下同］招用本区城乡就业困难人员，为其缴纳基本养老保险、基本医疗保险、失业保险、工伤保险及生育保险等5项城镇社会保险（以下简称“5项城镇社会保险”），并签订3年及以上期限劳动合同的，在合同期内可享受最长不超过5年的社会保险补贴。

（2）用人单位招用本区城乡就业困难人员，为其缴纳5项城镇社会保险，并签订3年及以上期限劳动合同的，在合同期内可享受最长不超过3年的岗位补贴，岗位补贴标准为每人每年3000元。

（3）用人单位当年新招用本区城乡就业困难人员，与其签订1年及以上期限劳动合同，并享受市级社会保险补贴的，按招用人数，由区财政按照每人每月上年度北京市最低工资80%的标准，给予用人单位工资性补贴，最长补贴3年。

2. 大力开发适宜城乡就业困难人员特点的就业岗位。

本辖区内由财政负担的行政机关、事业单位招用“三保”人员（即保洁员、保绿员、保安员），优先招用本区城乡就业困难人员，并通过指定服务组织进行人员招用和管理，按照规定签订1年及以上期限劳动合同，缴纳5项城镇社会保险。

（二）对用人单位招用本区城乡劳动力给予安置奖励

鼓励本辖区内用人单位在招用人员时，优先招用包括应届高校毕业生在内的本区城乡劳动力。凡当年新招用本区城乡劳动力，与其签订1年及以上期限劳动合同并缴纳5项城镇社会保险的，按招用人数及人员类别给予用人单位负责人或劳资部门不同标准的安置奖励金。

1. 用人单位当年新招用我区城乡就业困难人员、应届高校毕业生及计生家庭劳动力，每招用1名奖励500元。

2. 用人单位当年新招用1名本区城乡劳动力（除1项列举的人员外）奖励400元。

（三）鼓励用人单位提高招用本区劳动力比例

用人单位招用包括应届高校毕业生在内的本区城乡劳动力数量达到职工总数的70%，与其签订3年及以上期限劳动合同并缴纳5项城镇社会保险的，按照当年新招用本区劳动力数量给予奖励。当年新招用本区城乡劳动力在500人以上（含500人），给予用人单位100万元的一次性奖励资金；当年新招用本区城乡劳动力在300人（含300人）以上500人以下，给予用人单位80

万元的一次性奖励资金；当年新招用本区城乡劳动力在200人以上（含200人）300人以下，给予用人单位60万元的一次性奖励资金；当年新招用本区城乡劳动力在100人以上（含100人）200人以下，给予用人单位40万元的一次性奖励资金；当年新招用本区城乡劳动力在50人以上（含50人）100人以下，给予用人单位20万元的一次性奖励资金。区外用人单位接收录用本区城乡劳动力享受同等奖励政策。

（四）鼓励职业介绍机构推荐本区城乡劳动力就业

对取得市人力资源和社会保障局核发的职业介绍许可证的职业介绍机构和人才市场中介服务许可证的人才服务机构，推荐包括应届高校毕业生在内的本区城乡劳动力到二、三产业就业，且劳动合同期限在1年及以上，并按规定缴纳5项城镇社会保险的，按照推荐人员类别和工资标准给予奖励。每推荐1名城乡劳动力到二、三产业就业奖励200元；每推荐1名城乡就业困难人员、应届高校毕业生到二、三产业就业奖励300元；每推荐1名城乡劳动力到首都机场或者市级经济开发区就业，且工资标准不低于北京市最低工资标准200%的，奖励400元。

（五）鼓励城乡劳动力自主创业、灵活就业

1. 对包括应届高校毕业生在内的本区城乡劳动力在区内创办企业（建筑、娱乐、广告业、桑拿、按摩、美容美发、网吧、氧吧、非煤矿山、未经行业主管部门认定的星级以下餐饮企业、水泥构件企业，批发、批发零售兼营以及其他非零售业务的商贸企业等除外）并积极吸纳本区城乡劳动力就业的给予奖励。凡本区城乡劳动力在本区内创办企业，依法办理了营业执照且正常经营1年以上，按规定办理了就业登记手续，与吸纳的本区城乡劳动力签订1年及以上期限劳动合同并缴纳5项城镇社会保险的，每吸纳1名本区城乡劳动力就业奖励5000元。

2. 加大对劳动密集型小企业扶持力度。对当年新招用本区城镇失业人员、农村转移劳动力、应届高校毕业生达到在职职工总数的30%（超过100人的企业达到15%）并与其签订1年以上劳动合同的，可享受最高200万元的小额担保贷款。

包括应届高校毕业生在内的本区城乡劳动力自主创业申请小额担保贷款，并在贷款期限内正常还款的，按贷款利息数额和贷款期限给予全额贴息，展期不贴息。

3. 女年满35岁以上、男年满45岁以上的本区城镇登记失业人员自谋职业、灵活就业，可以享受最长不超过3年的社会保险补贴。

（六）发挥就业示范带动作用促进就业

1. 对自主创业成功或在用人单位工作成绩突出的包括应届高校毕业生在内的本区城乡劳动力（就业明星）给予5000元的奖励。

2. 对从企业中评选出的区级就业再就业工作先进个人给予10000元的奖励。

3. 就业明星和就业再就业工作先进个人评选标准按照《顺义区社会保障和就业工作领导小组关于印发〈顺义区就业再就业先进评选表彰办法〉的通知》（顺再就发〔2006〕8号）执行。

（七）鼓励城乡劳动力跨区域就业

北务镇、大孙各庄镇、张镇、木林镇、龙湾屯镇、北石槽镇在机场周边及重点经济功能区就业的劳动力，由镇政府提供就业人员名单，区政府每年统一按季度发给劳动力本人交通卡，提供免费乘车服务，鼓励城乡劳动力跨区域就业。

（八）健全就业政策扶持体系

各镇、街道办事处要根据本地区实际情况，制定与区级政策相配套的促进城乡劳动力就业的优惠政策，形成以市级政策为先导，区级政策为主体，镇、街道办事处政策为补充的可持续发展的城乡一体化就业政策体系。

（九）做好本区政策与市级政策的有效衔接

城乡劳动力符合享受市级优惠政策的，按市级优惠政策执行，市级补贴较本区补贴不足部分，由区财政负担。符合享受市级优惠政策以外的城乡劳动力补贴费用，全部由区财政负担。

三、建立面向城乡全体劳动力的职业技能培训政策体系，提高劳动力整体素质

（一）调动多方力量，整合培训资源，为本区城乡劳动力提供免费职业技能培训

充分调动各镇、街道办事处和企业及各类职业技能培训机构的积极性、主动性，广泛利用社会培训资源，以促进就业和稳定就业为目标，以提高劳动力技能素质为核心，为本区城乡劳动力提供多层次、多形式的免费职业技能培训，重在提高工作能力、职业转换能力和创业能力，有效促进就业和再就业。

1. 明确责任分工。区劳动保障局负责本区职业技能培训的协调和管理；各镇、街道办事处负责调查辖区内城乡劳动力的职业技能培训需求，并结合需求组织失业人员接受再就业培训，组织有转移就业愿望的农村劳动力接受转移就业培训，组织辖区内企业在职职工接受技能提升培训；各委、办、局、公司负责协调本系统职工的职业技能培训。

2. 实施就业、再就业培训工程。以促进就业，提高就业质量为核心，围绕区域经济社会发展实际，引导企业建立职业技能与工资待遇挂钩机制，鼓励职工参加技能提升培训的积极性。依托培训机构开展职业技能培训，全面提升本区城乡劳动力的整体素质。本区城乡劳动力可每年享受一次免费的再就业培训、转移就业培训和技能提升培训。

3. 开展劳动预备制培训。对有劳动能力和就业愿望的初、高中毕业生进行 1～3 年的职业技能培训，增强其就业能力。

（二）完善培训补贴与促进就业效果挂钩机制，引导各类培训机构针对市场需求，积极开展职业技能培训

对经市人力资源和社会保障局认定的职业技能培训机构，根据其培训质量及培训后就业情况给予奖励。

1. 再就业培训定点学校开展城镇失业人员再就业培训，在市级文件规定补贴标准的基础上，非等级培训每人补贴 200 元，等级培训每人补贴 400 元。

2. 区内职业技能培训机构培训农村劳动力（含未就业的小城镇转居人员），按照培训后取得国家职业资格证书的人数给予奖励。初级工的转移就业型技能培训，区级每人奖励 600 元，镇级每人补贴 200 元；中级工技能培训，区级每人奖励 700 元，镇级每人补贴 200 元；高级工及以上技能提升型培训，区级每人奖励 800 元，镇级每人补贴 800 元。北务镇、大孙各庄镇、张镇、木林镇、龙湾屯镇、北石槽镇补贴部分的 50% 由区财政支付。

3. 区内职业技能培训机构与企业联合开展企业在职职工培训，应与接受培训的职工签订培训协议书，并报区劳动保障部门备案，培训后按照备案人员中取得国家职业资格证书的人数给予

奖励。初级工技能培训，区级每人奖励600元，企业每人补贴200元；中级工技能培训，区级每人奖励700元，企业每人补贴200元；高级工及以上技能培训在市级补贴的基础上区级每人奖励600元，企业每人补贴300元。企业补贴费用在职工教育经费中列支。

4. 区内职业技能培训机构根据企业用工需求培训高校毕业生，凡培训后实现就业的，由区财政按每人1300元对培训机构给予奖励。

5. 凡开展劳动预备制的本区职业技能培训机构，按市劳动保障局备案的本区劳动预备制人数，给予培训机构每人每学年3400元的补贴。

6. 积极组织城乡就业困难人员和未就业的应届高校毕业生开展为期3～6个月的岗位见习训练，见习期间享受我市职工最低工资标准，由区财政和见习单位各承担50%，见习期间被见习单位正式录用的毕业生，在该单位的见习期可以作为工龄计算。

7. 区劳动保障局根据企业培训需求和城乡劳动力培训意愿，对区内职业院校或职业技能培训机构不能培训的职业（工种），充分运用市场机制，面向全市职业院校或职业技能培训机构进行招投标。

8. 开展城乡劳动力创业培训的补贴办法按市劳动和社会保障局有关政策执行。

（三）规范用人单位用工标准，严格执行就业准入制度

1. 用人单位招录职工必须严格执行“先培训、后上岗”的规定，优先录用取得职业学校学历证书、职业资格证书和职业培训合格证书的劳动力。各类职业介绍机构优先推荐持有职业资格证书的劳动力。

2. 对于国家和北京市规定实行就业准入制度的职业（工种），用人单位不得招用未取得相应职业资格证书的劳动力，对已招用且未取得职业资格证书的人员要加大职业技能培训力度，3个月后仍未取得资格证的必须调离原岗位。

本意见自2009年7月1日起实施，《顺义区人民政府关于进一步加强就业再就业工作的意见》（顺政发〔2006〕23号）自本意见实施之日起废止。

二〇〇九年六月二十五日

顺义区劳动和社会保障局 顺义区财政局《关于进一步加强就业再就业工作的意见实施细则》的通知

顺劳社字〔2009〕42号

各镇人民政府、地区街道办事处、区政府各委、办、局、各区属机构：

为贯彻落实《顺义区人民政府关于进一步加强就业再就业工作的意见》（顺政发〔2009〕40号）精神，使本区农业富余劳动力、城镇登记失业人员及应届高校毕业生尽快实现就业再就业，提高全体劳动者技能水平，加快技能人才队伍建设，促进本区城乡劳动力向“高端产业、高效企业、高薪岗位”就业，现将《关于进一步加强就业再就业工作的意见实施细则》印发给你们，望认真贯彻执行并转发各基层单位。

附件：关于进一步加强就业再就业工作的意见实施细则

顺义区劳动和社会保障局　顺义区财政局

二〇〇九年八月十三日

附件：

关于进一步加强就业再就业工作的意见实施细则

第一章　总　则

第一条　为做好全区就业再就业资金的申报和审核工作，确保全区城乡一体化工作目标的顺利实现，依据《顺义区人民政府关于进一步加强就业再就业工作的意见》（顺政发〔2009〕40号），制定本实施细则。

第二条　本区实行有利于稳定就业、扩大就业的财政扶持政策，促进城乡就业均衡发展。区劳动保障局、区财政局共同做好本区就业再就业资金的审核和发放工作。

第三条　适用范围如下。

（一）劳动力范围：具有顺义户籍且在顺义单位用工管理信息系统备案的城乡劳动力。

（二）用人单位范围：招用本区城乡劳动力的企业、民办非企业单位、不享受财政拨款的事业单位、社会团体。

国家要求退出和淘汰的行业、不符合首都功能定位的行业和“高污染、高耗能、高耗水”企业不列入享受政策范围。

顺义辖区内用人单位享受政策必须在顺义单位用工管理信息系统中进行单位和人员备案。

（三）职业介绍机构范围：顺义辖区内取得北京市人力资源和社会保障局颁发职业介绍许可证的职业介绍机构及人才市场中介服务许可证的人才服务机构。

（四）职业技能培训机构范围：顺义辖区内取得顺义区劳动和社会保障局颁发民办学校办学许可证，并经批准承担农业富余劳动力、城镇登记失业人员、企业在职职工、高校毕业生、劳动预备制培训任务的职业技能培训机构。

第四条 资金申请审批程序如下。

（一）城乡就业困难人员补贴、安置奖励金、推荐就业奖励金、岗位见习训练补贴、自主创业吸纳就业奖励金由申请享受政策的单位向区劳动保障局职业介绍服务中心提出申请，职业介绍服务中心初审后，报就业管理科进行审核，审核合格后向区财政局申请资金，区财政局按相关政策规定进行拨款。

（二）小额担保贷款贴息及“3545”城镇登记失业人员自主创业、灵活就业社会保险补贴由申请享受政策的单位（个人）向区劳动保障局劳动服务管理中心提出申请，劳动服务管理中心初审后，报就业管理科进行审核，审核合格后向区财政局申请资金，区财政局按相关政策规定进行拨款。

（三）一次性奖励金、就业再就业先进奖励金、交通补贴由申请享受政策的单位或街镇向区劳动保障局就业管理科提出申请，就业管理科审核合格后向区财政局申请资金，区财政局按相关政策规定进行拨款。

（四）培训补贴（奖励）资金由申请享受政策的职业技能培训机构向区劳动保障局职业技能培训科提出申请，职业技能培训科审核合格后向区财政局申请资金，区财政局将培训资金直接拨付到职业技能培训机构。

第二章　城乡就业困难人员补贴

第五条 用人单位当年新招用本区城乡就业困难人员，签订3年及以上期限劳动合同，按时足额缴纳5项城镇社会保险费，履行劳动合同每满1年后，于次月1日起60日内向区劳动保障局职业介绍服务中心提出申请1年的社会保险补贴和岗位补贴，直至补贴期满。社会保险补贴最长补贴5年，岗位补贴最长补贴3年。

劳动合同期限届满，用人单位与城乡就业困难人员续签劳动合同且社会保险补贴享受不足5年的，可根据续签劳动合同的期限继续申请享受社会保险补贴，直至累计5年期满。

第六条 岗位补贴标准为每人每年3000元；社会保险补贴标准如下。

（一）城镇基本养老保险补贴以本市上一年度职工月平均工资的60%为基数，补贴20%。

（二）城镇基本医疗保险补贴以本市上一年度职工月平均工资的60%为基数，补贴9%。

（三）失业保险补贴以本市上一年度职工月平均工资的60%为基数，补贴1%。

第七条 申请社会保险补贴和岗位补贴须提交下列材料。

（一）首次申请社会保险补贴和岗位补贴须提交下列材料。

1.《用人单位招用城乡就业困难人员岗位补贴和社会保险补贴年度申请审批表》（一式三份，附表1，略）及电子版。

2. 企业法人营业执照或事业单位法人证书、社会团体法人登记证书等用人单位法定证明材料副本及复印件，中华人民共和国组织机构代码证复印件，企业注册资金的出资人交存入资银行凭证复印件。

3. 被招用人员是城镇登记失业人员的须提交北京市城镇人员就业登记卡、再就业优惠证复印件；被招用人员是农村劳动力的须提交《农村劳动力转移就业登记表》复印件。

4. 劳动合同原件及复印件（原件审核后退回）。

5. 城乡就业困难人员身份证明（下同）。

（1）被招用人员为城乡低保人员的须提交最低生活保障金领取证原件及复印件（原件审核后退回）。

（2）被招用人员为残疾人的须提交中华人民共和国残疾人证原件及复印件（原件审核后退回）。

（3）被招用人员为初次来顺的随军家属须按照其进京审批机关分别提交市人力资源和社会保障局审批的《驻京部队干部家属（工人）调京工作审批表》《军官家属（干部）随军调京审批表》或《调动人员情况登记表》、市公安局审批的《随军家属进京落户申请报告表》或《干部家属随军审批表》等相应证明材料复印件。

（4）被招用人员为“纯农就业家庭”的须提交户口所在地社会保障事务所出具的“纯农就业家庭”成员的“纯农就业家庭”认定证明材料复印件。

（5）被招用人员为“零就业家庭”的须提交户口所在地社会保障事务所出具的“零就业家庭”成员的“零就业家庭”认定证明材料复印件。

（6）被招用人员为连续失业1年以上的农村劳动力的须提交户口所在地社会保障事务所出具的《农村劳动力就业经历记录表》复印件。

（7）被招用人员为应届高校毕业生1年未实现就业人员的须提交毕业生本人毕业证书原件及复印件（原件审核后退回）。

6. 城乡就业困难人员上年度的工资发放证明及会计凭证复印件。

7.《用人单位招用城乡就业困难人员花名册》（附表2，略）及电子版。

8.《用人单位招用城乡劳动力（就业困难人员）缴纳社会保险费证明》（附表3，略）。

9.《用人单位招用城乡就业困难人员岗位补贴和社会保险补贴申请年度核准表》（一式三份，附表4，略）。

10. 区劳动保障局要求提交的其他材料。

（二）再次申请社会保险补贴、岗位补贴须提交下列材料。

1. 连贯记录补贴申请享受情况的《用人单位招用城乡就业困难人员花名册》及电子版。

2. 连贯记录补贴享受情况的《用人单位招用城乡就业困难人员岗位补贴和社会保险补贴申请年度核准表》（一式三份）。

3.《用人单位招用城乡就业困难人员岗位补贴和社会保险补贴年度申请审批表》（一式三份）及电子版。

4.《用人单位招用城乡劳动力（就业困难人员）缴纳社会保险费证明》。

5. 城乡就业困难人员上年度的工资发放证明及会计凭证复印件。

6. 用人单位基本信息发生变化的还须提交相应的证明材料。

7. 用人单位与城乡就业困难人员续签劳动合同享受第4年和第5年的社会保险补贴还须提供续签劳动合同书原件及复印件（原件审核后退回）。

8. 区劳动保障局要求提交的其他材料。

第八条 用人单位招用本区城乡就业困难人员符合享受市级优惠政策的，按市级优惠政策执行，并按照市级文件要求提供相关申报材料，不能按照上述政策享受区级补贴。

第九条 用人单位招用享受市级社会保险补贴政策的城乡就业困难人员，可以享受工资性补贴。工资性补贴采取“市级先补，区级后补”的方法。用人单位招用城乡就业困难人员享受市级社会保险补贴后，可以到区劳动保障局职业介绍服务中心提出享受工资性补贴的申请，同时提交下列材料。

（一）用人单位享受市级补贴的《社会保险补贴、岗位补贴审批表》或《北京市用人单位招用农村就业困难人员岗位补贴和社会保险补贴年度申请审批表》原件及复印件（原件审核后退回）。

（二）《用人单位招用城乡就业困难人员工资性补贴审批表》（一式三份）（附表5，略）。

（三）《用人单位招用城乡就业困难人员工资性补贴花名册》（附表6，略）。

（四）区劳动保障局要求提供的其他材料。

第三章　安置奖励金

第十条　用人单位招用本区城乡劳动力享受安置奖励金，需在每年10月份向区劳动保障局职业介绍服务中心提出申请。申请安置奖励金的用人单位不能同时申请推荐就业奖励金。

用人单位申请安置奖励金须提交下列材料。

（一）《用人单位招用本区城乡劳动力安置奖励金申请审批表》（一式三份）（附表7，略）。

（二）《用人单位招用本区城乡劳动力花名册》（附表8，略）。

（三）企业法人营业执照、事业单位法人证书、社会团体法人登记证书等用人单位法定证明材料副本及复印件，中华人民共和国组织机构代码证复印件。

（四）被招用人员是城镇登记失业人员的须提交北京市城镇人员就业登记卡、再就业优惠证复印件；被招用人员是农村劳动力的须提交《农村劳动力转移就业登记表》复印件。

（五）劳动合同原件及复印件（原件审核后退回）。

（六）城乡就业困难人员身份证明。同时，被招用人员为计生家庭劳动力的需提供独生子女证原件及复印件（原件审核后退回），被招用人员为应届高校毕业生的需提供毕业证书原件及复印件（原件审核后退回）。

（七）《用人单位招用城乡劳动力（就业困难人员）缴纳社会保险费情况证明》。

（八）区劳动保障局要求提供的其他材料。

第四章　一次性奖励金

第十一条　用人单位当年新招用本区城乡劳动力达到50人及以上，与其签订3年及以上期限劳动合同并按时足额缴纳5项城镇社会保险，且本区城乡劳动力数量达到用工总数的70%以上，可于当年10月份向区劳动保障局就业管理科申请享受一次性奖励金，同时提交下列材料。

（一）《用人单位一次性奖励金申请审批表》（一式三份）（附表9，略）。

（二）企业法人营业执照、事业单位法人证书、社会团体法人登记证书等用人单位法定证明材料副本及复印件，中华人民共和国组织机构代码证复印件。

（三）《用人单位招用本区城乡劳动力花名册》。

（四）用人单位当年招用人员的户口簿复印件。

（五）被招用人员是城镇登记失业人员的须提交北京市城镇人员就业登记卡、再就业优惠证复印件；被招用人员是农村劳动力的须提交《农村劳动力转移就业登记表》复印件。

（六）用人单位招用人员的劳动合同原件及复印件（原件审核后退回）。

（七）《用人单位招用城乡劳动力（就业困难人员）缴纳社会保险费情况证明》。

（八）新招用人员的工资发放证明及会计凭证复印件。

（九）本辖区内用人单位提供从顺义单位用工管理信息系统中打印出的《招聘职工花名册》；本行政区域外的用人单位提供《企业在职职工花名册》。

（十）区劳动保障局要求提供的其他材料。

第五章　推荐奖励金

第十二条　职业介绍机构和人才服务机构申请推荐奖励金按以下方式进行。

（一）职业介绍机构和人才服务机构推荐城乡劳动力正规就业奖励人数以顺义单位用工管理信息系统中备案的数据为准。

（二）职业介绍机构和人才服务机构推荐城乡劳动力就业的工资标准不低于北京市最低工资标准200%的，须提交用人单位出具的本年度职工工资发放证明材料复印件。

（三）区职业介绍服务中心将在每年10月份对各职业介绍机构和人才服务机构的推荐就业情况核实汇总。

第六章　岗位见习训练补贴

第十三条　各街、镇社保所积极组织本辖区内城乡就业困难人员和未就业的应届高校毕业生到区劳动保障局认定的见习基地参加岗位见习训练，见习期满后，由见习基地于60日内向区劳动保障局职业介绍服务中心提出岗位见习训练补贴的申请，同时提交下列材料。

（一）岗位见习训练补贴的书面申请。

（二）见习基地与见习人员签订的《就业见习协议》（见习协议中应包括见习期限、岗位职责、见习待遇、见习计划安排等内容）。

（三）《岗位见习训练补贴申请审批表》（附表10，略）。

（四）城乡就业困难人员身份证明，应届高校毕业生毕业证书复印件。

第七章　自主创业吸纳就业奖励金

第十四条　城乡劳动力在区内创办企业，依法办理了营业执照且正常经营1年以上，按规定办理了就业登记手续，招用本区城乡劳动力，按时足额为其缴纳5项城镇社会保险费，可于当年10月份到区劳动保障局职业介绍服务中心申请吸纳就业奖励金。吸纳就业奖励金与一次性奖励金不可同时享受。

建筑、娱乐、广告业、桑拿、按摩、美容美发、网吧、氧吧、非煤矿山、未经行业主管部门认定的星级以下餐饮企业、水泥构件企业，批发、批发零售兼营以及其他非零售业务的商贸企业等不能享受吸纳就业奖励金。

申请吸纳就业奖励金须提交下列材料。

（一）本人身份证及户口簿复印件；企业法人营业执照（副本）复印件、税务登记证（副本）复印件、个人委托存档证明材料。

（二）《用人单位招用本区城乡劳动力花名册》。

（三）招用城乡劳动力的户口簿复印件。

（四）被招用人员是城镇登记失业人员的须提交北京市城镇人员就业登记卡、再就业优惠证复印件；被招用人员是农村劳动力的须提交《农村劳动力转移就业登记表》复印件。

（五）《用人单位招用城乡劳动力（就业困难人员）缴纳社会保险费情况证明》。

（六）与城乡劳动力签订的劳动合同原件及复印件（原件审核后退回）。

（七）招用的城乡劳动力合同期内的工资发放证明及会计凭证复印件。

（八）创业培训合格证书或经北京市人力资源和社会保障局认可的创业培训合格证及复印件，经创业培训机构审定合格的创业项目计划书或可行性分析报告。

（九）区劳动保障局要求提供的其他材料。

第八章　小额担保贷款贴息

第十五条　贴息范围。

（一）本区城乡劳动力自主创业获得小额担保贷款的个体工商户、自主或合伙创办的小企业以及劳动密集型小企业，已经享受市财政全额贴息的项目，区财政不再进行贴息。

（二）个体工商户的经营项目不属于市级政策贴息项目范围内的，由区财政据实全额贴息。

（三）自主、合伙创办的小企业以及劳动密集型小企业按比例享受市财政贴息的剩余部分，由区财政据实补齐贴息；不属于市政策贴息项目范围内的，由区财政据实全额贴息。

第十六条 贴息原则。

小额担保贷款财政贴息补贴，依据“先还贷款本息，后补贷款利息”的原则，即申请小额担保贷款人员，应在贷款全部偿还完毕后（按时或提前还款，无不良记录）60日内向街镇社保所及区劳动保障局劳动服务管理中心相关部门提交材料。

第十七条 贴息申请程序。

（一）获得小额担保贷款的个体工商户已在经办银行偿还完毕小额担保贷款（按时或提前还款，无不良记录）的，应于贷款结清后60日内向申请贷款的街镇社保所提出贴息申请，并提交下列材料（所有材料均提供原件及复印件）。

1.《个体工商户小额担保贷款贴息申请表》（一式三份），分别由街镇社保所、财政部门、经办银行留存。

2. 贷款合同、保证合同。

3. 经办银行盖章的《贷款还款凭证》。

4. 贷款期间各季度利息清单。

5. 贷款人的身份证明。

6. 社保所要求提供的其他相关材料。

（二）获得自主、合伙创办的小企业以及劳动密集型小企业小额担保贷款的借款人已在经办银行偿还完毕小额担保贷款（按时或提前还款，无不良记录）的，应于贷款结清后60日内向申请贷款的劳动服务管理中心提出贴息申请，并提交以下材料（所有材料均提供原件及复印件）。

1.《企业小额担保贷款贴息申请表》（一式三份），分别由劳动服务管理中心、财政部门、经办银行留存。

2. 贷款合同、保证合同。

3. 经办银行盖章的《贷款还款凭证》。

4. 贷款期间各季度利息清单。

5. 企业法人的身份证明。

6. 营业执照。

7. 区劳动保障局要求提供的其他材料。

第九章 自谋职业、灵活就业社会保险补贴

第十八条 女年满35岁以上、男年满45岁以上的本区城镇登记失业人员自谋职业、灵活就业，可以享受最长不超过3年的社会保险补贴。社会保险补贴标准如下。

（一）城镇基本养老保险补贴以本市上一年度职工月平均工资的40%为基数，补贴14%。

（二）城镇基本医疗保险补贴以本市上一年度职工月平均工资的70%为基数，补贴6%。

（三）失业保险补贴以本市上一年度职工月平均工资的40%为基数，补贴1%。

第十九条 申请审批程序。

（一）自谋职业人员到户口所在地街道（乡镇）社保所交验本人身份证、北京市城镇失业人员就业登记卡、再就业优惠证、个体工商户营业执照（副本）、税务登记证（副本）、个人委托

存档证明材料、提供经营场地的产权证明或租赁协议，填写《自谋职业（自主创业）社会保险补贴申报审批表》。

灵活就业人员到本人户口所在地街道（乡镇）社会保障事务所，交验身份证、再就业优惠证、北京市城镇失业人员就业登记卡（复印件），填写《灵活就业社会保险补贴申请表》。

（二）社保所受理申请材料后5个工作日内组织对申请人的条件进行初审，对符合自谋职业和灵活就业条件的，分别在《自谋职业（自主创业）社会保险补贴申报审批表》和《灵活就业社会保险补贴申请表》中填写社保所意见，报区劳动保障局劳动服务管理中心。

（三）社保所应于接到劳动服务管理中心的批复之日起5个工作日内通知批准享受自谋职业（灵活就业）社会保险补贴的人员，与享受自谋职业社会保险补贴的人员签订《自谋职业人员享受社会保险补贴协议书》。自批准之月起为享受自谋职业（灵活就业）社会保险补贴的人员申请基本养老、失业、基本医疗保险补贴手续并办理个人缴费手续；对未批准的，书面通知申请人。

第十章　就业再就业先进奖励金

第二十条　就业明星由各街镇社保所根据掌握的城乡劳动力自谋职业、自主创业或在用人单位的表现进行综合考评后择优推荐，并于每年10月份将被推荐人员先进事迹材料和《顺义区就业明星评选推荐表》（附表11，略）报送至区劳动保障局就业管理科。被评选为市级就业明星的个人直接认定为区级就业明星。

从企业中评选的就业再就业工作先进个人由区劳动保障局就业管理科根据企业当年招用本区城乡劳动力数量、缴纳社会保险费等情况，于每年11月份进行评选。

就业明星和就业再就业工作先进个人将在每年的就业再就业大会上进行表彰。

第十一章　交通补贴

第二十一条　北务镇、大孙各庄镇、张镇、木林镇、龙湾屯镇、北石槽镇社保所每季度初10日内向区劳动保障局就业管理科提出交通补贴申请，并提供本季度《在机场周边及重点经济功能区就业的劳动力花名册》（机场周边及重点经济功能区特指首都机场、空港经济开发区及空港物流基地）及用人单位与上述6个镇城乡劳动力签订的劳动合同复印件。对于初次报送的劳动力发放交通卡（内有充值费100元），以后按季度发放100元充值费，交通卡及充值费全部发放到上述6个镇社保所，由社保所发放给城乡劳动力本人。

第十二章　培训补贴（奖励）

第二十二条　本区农业富余劳动力、城镇登记失业人员、企业在职职工、高校毕业生、劳动预备制学员培训符合享受市级培训补贴政策的，按市级优惠政策执行；市级补贴不足部分由区财政负担；不符合享受市级培训优惠政策的，由区、镇两级财政共同负担。市、区两级培训补贴不能重复享受。

第二十三条　职业技能培训补贴申请程序如下。

（一）顺义区职业技能培训学校对我区包括未实现初次就业的高校毕业生在内的城乡劳动力开展免费的职业技能培训，必须经区职业技能鉴定所鉴定或者协调鉴定。待鉴定（考核）结束后，于每季度末30日前（第四季度于11月15日前）向区劳动和社会保障局职业技能培训科提出申请。

（二）申请城镇失业人员再就业培训补贴须提交下列材料。

1. 失业人员再就业培训经费补助的书面申请及培训学校在银行开立的基本账户凭证复印件。

2.《再就业培训补助经费申请汇总表》(附表 12，略)。

3. 鉴定部门出具的《职业技能鉴定人员名册》。

4.《就业证明表》(附表 13，略)。

(三) 申请农业富余劳动力转移培训补贴须提交下列材料。

1. 农业富余劳动力职业技能培训补贴书面申请及培训学校在银行开立的基本账户凭证复印件。

2.《职业技能培训补贴申请汇总表》(附表 14，略)。

3.《职业技能培训补贴申请明细表》(附表 15，略)。

4. 鉴定部门出具的《职业技能鉴定人员名册》。

5. 农业富余劳动力的《身份证明表》(附表 16，略)。

(四) 申请企业在职职工职业培训补贴须提交下列材料。

1. 企业在职职工职业技能培训补贴书面申请及培训机构在银行开立的基本账户凭证复印件。

2.《职业技能培训补贴申请汇总表》。

3. 鉴定部门出具的《职业技能鉴定人员名册》。

(五) 申请高校毕业生培训奖励须提交下列材料。

1. 高校毕业生职业技能培训补贴书面申请及培训机构在银行开立的基本账户凭证复印件。

2.《高校毕业生职业技能培训补贴申请审批表》(附表 17，略)。

3. 鉴定部门出具的《职业技能鉴定人员名册》。

4. 高校毕业生毕业证书复印件。

5. 1 年及以上期限劳动合同复印件。

6. 社保经办机构提供的社会保险缴费证明 (5 项城镇社会保险)。

第二十四条 劳动预备制培训补贴申请按以下方式进行。

劳动预备制培训补贴采取按年度拨付的方法，由开展劳动预备制培训的学校于每年 10 月底前，向区劳动保障局职业技能培训科提出劳动预备制培训补贴申请，并提交下列材料。

(一) 劳动预备制培训补贴的书面申请。

(二) 经市人力资源和社会保障局培训处签章的《劳动预备制录取名单》。

(三) 本区劳动预备制学员户口簿复印件。

第二十五条 职业培训招投标工作。对区内职业院校或职业技能培训机构不能培训的职业(工种)，面向全市职业院校或职业技能培训机构进行招投标的办法另行制定。

第十三章 附 则

第二十六条 本办法由区财政局、区劳动保障局根据各自职责分工进行解释。

第二十七条 本办法自 2009 年 7 月 1 日起实施，《顺义区劳动和社会保障局 顺义区财政局关于印发〈城乡劳动力就业再就业扶持资金申报办法〉的通知》(顺劳社字〔2006〕87 号) 自本办法实施之日起废止。

顺义区关于促进五彩浅山地区就业创业工作的意见实施细则

顺人社字〔2015〕121号

第一章　总　则

第一条　为做好五彩浅山地区就业再就业资金的申报和审核工作，促进五彩浅山地区更加充分就业，实现区域就业均衡发展，确保全区城乡一体化工作目标的顺利实现，依据《北京市顺义区人民政府关于印发〈顺义区关于促进五彩浅山地区就业创业工作意见〉的通知》（顺政发〔2015〕32号）及第十七次区政府常务会议精神，制定本实施细则。

第二条　本区实行有利于稳定就业、扩大就业的财政扶持政策，促进城乡、区域就业均衡发展。区人力社保局、区财政局共同做好五彩浅山地区促进就业资金的审核和发放工作。

第三条　适用范围如下。

（一）适用人员范围。五彩浅山及周边地区城乡劳动力（城乡居民），包括北石槽镇、木林镇、龙湾屯镇、张镇、大孙各庄镇、北务镇、杨镇、北小营镇、李遂镇、南彩镇以及经批准被纳入地区的城乡劳动力（城乡居民）[以下简称“五彩浅山地区城乡劳动力（城乡居民）”]。

（二）用人单位范围。符合首都城市功能定位的本市行政区域内的企业、民办非企业单位、事业单位、社会团体及个体工商户等各类用人单位（包括在本区注册的，受京津冀协同发展以及非首都功能疏解影响外迁到津冀地区的企业，以下统称“用人单位”）。

国家机关、全额拨款事业单位、各级政府公共管理服务项目、村集体组织公益性项目以及农民专业合作社、未经改制的村集体经济实体不列入岗位补贴和社会保险补贴范围。

顺义辖区内用人单位享受政策必须在顺义单位用工管理信息系统中进行单位和人员备案。

第四条　资金申请审批程序如下。

（一）鼓励用人单位招用五彩浅山地区劳动力政策由申请享受政策的单位向区人力社保局劳动服务管理中心提出申请，劳动服务管理中心审核合格后向区财政局申请资金，区财政局按相关政策规定进行拨款。

（二）鼓励城乡居民自主创业（自谋职业）政策由申请享受政策的单位（个人）向户籍所在地社保所提交材料，社保所向区人力社保局劳动服务管理中心提出申请，劳动服务管理中心审核合格后向区财政局申请资金，区财政局按相关政策规定进行拨款。

（三）鼓励边远地区劳动力跨区域就业政策由申请人向户籍所在地社保所提交材料，社保所向区人力社保局就业促进科提出申请，就业促进科审核合格后向区财政局申请资金，区财政局按相关政策规定进行拨款。

（四）鼓励城乡劳动力提高技能水平政策由申请享受政策的定点培训机构向区人力社保局职业能力建设科提出申请，职业能力建设科审核合格后向区财政局申请资金，区财政局按相关政策规定进行拨款。

（五）鼓励银发人员进入产业就业政策中由用人单位缴纳社会保险的，由享受政策的单位向区人力社保局劳动服务管理中心提出申请，个人自己缴纳社会保险的，由享受政策的个人向户口所在地社保所提交材料，社保所汇总后向劳动服务管理中心提出申请，劳动服务管理中心审核合格后向区财政局申请资金，区财政局按相关政策规定进行拨款。

第二章　鼓励用人单位招用五彩浅山地区劳动力

第五条　用人单位当年新招用五彩浅山地区城乡劳动力，在享受北京市人力社保局、北京市财政局《关于印发〈用人单位岗位补贴和社会保险补贴管理办法〉的通知》（京人社就发〔2012〕308 号，以下简称 308 号文件）规定岗位补贴和社会保险补贴基础上，可享受招用五彩浅山地区劳动力岗位补贴和社会保险补贴（以下简称“五彩浅山地区补贴”）。

第六条　用人单位可按以下条件申请享受五彩浅山地区补贴。

（一）用人单位应于履行劳动合同满半年或 1 年后的次月 90 天之内，向顺义区人力社保局劳动服务中心首次提出社会保险补贴和岗位补贴申请，同时提交下列材料（均为一式三份）。

1. 企业法人营业执照、事业单位法人证书、民办非企业单位登记证书、个体工商户营业执照、社会团体法人登记证书等用人单位法定证明材料副本复印件，以及中华人民共和国组织机构代码证副本复印件。

改制村集体企业应同时提交有关部门出具的改制证明复印件。

2. 社会保险登记证及复印件（原件审核后退回）。

3. 《用人单位享受岗位补贴和社会保险补贴申请表》、《用人单位（非劳务派遣企业）岗位补贴和社会保险补贴首次申请人员花名册》或《劳务派遣企业岗位补贴和社会保险补贴首次申请人员花名册》。

4. 经街道（乡镇）社会保障事务所盖章的《用人单位招用人员就业登记表》或《北京市农村劳动力转移就业登记表》复印件。

5. 银行出具的含补贴对象申请期内的工资明细表及记账凭证复印件。

6. 属于劳务派遣用工的应提交与用工单位签订的劳务派遣协议原件。

7. 低保人员、初次进京随军家属等补贴对象应提交相关证明材料。

8. 区人力社保局要求提交的其他材料。

用人单位提交申请材料涉及复印件的，应加盖单位公章并标注“与原件一致”。

（二）用人单位再次申请市、区人力社保局批准的享受期内的岗位补贴和社会保险补贴时，应提交下列材料（均为一式三份）。

1. 《用人单位享受岗位补贴和社会保险补贴申请表》《用人单位（非劳务派遣企业）享受岗位补贴和社会保险补贴人员花名册》或《劳务派遣企业享受岗位补贴和社会保险补贴人员花名册》

2. 银行出具的含补贴对象申请期内的工资明细表及记账凭证复印件。

3. 属于劳务派遣用工的应提交与用工单位签订的劳务派遣协议原件。

4. 补贴对象劳动合同届满，用人单位与其续签劳动合同且享受期未达到岗位补贴和社会保险补贴最长期限的，用人单位申请补贴时，还应提交含续签内容的劳动合同书原件。

5. 区人力社保局要求提交的其他材料。

用人单位提交申请材料涉及复印件的，应加盖单位公章并标注“与原件一致”。

第七条　用人单位招用享受市级社会保险补贴政策的城乡就业困难人员可以享受工资性补贴。工资性补贴采取“市级先补，区级后补”的方法，用人单位招用城乡就业困难人员享受市级社会保险补贴后，可以到顺义区人力社保局劳动服务中心提出享受工资性补贴的申请，同时提交下列材料。

（一）《用人单位招用城乡就业困难人员工资性补贴审批表》（一式三份）。

（二）《用人单位招用城乡就业困难人员工资性补贴花名册》。

（三）区人力社保局要求提供的其他材料。

第八条 用人单位招用五彩浅山地区城乡劳动力按照本政策执行，不再享受《关于进一步加强就业再就业工作的意见实施细则的通知》（顺劳社字〔2009〕42号）第二章“城乡就业困难人员补贴政策”。

第三章 鼓励城乡居民自主创业（自谋职业）

第九条 自主创业（自谋职业）社会保险补贴扶持规定如下。

（一）五彩浅山地区城乡劳动力申请享受自主创业（自谋职业）社会保险补贴按以下流程进行申请。

1. 符合政策规定的五彩浅山地区城乡劳动力到户口所在地社保所交验本人身份证、就业失业登记证（转移就业登记证）、个体工商户或企业法人营业执照（副本）、税务登记证（副本）、提供经营场地的产权证明或租赁协议，银行出具的完税证明，填写《自谋职业（自主创业）社会保险补贴申请表（顺义区）》。

2. 社保所受理申请材料后5个工作日内组织对申请人的条件进行初审，对符合自谋职业条件的，在《自谋职业（自主创业）社会保险补贴申报申请表》中填写社保所意见，汇总《申请自谋职业（自主创业）社会保险补贴人员花名册（顺义区）》报区人力社保局劳动服务管理中心。

3. 社保所应于接到劳动服务管理中心的批复之日起5个工作日内通知批准享受自谋职业（自主创业）社会保险补贴的人员，与享受自谋职业社会保险补贴的人员签订《自谋职业人员享受社会保险补贴协议书》。自批准之月起为享受自谋职业（自主创业）社会保险补贴的人员申请基本养老、失业、基本医疗保险补贴手续并办理个人缴费手续；对未批准的，书面通知申请人。

（二）五彩浅山地区城乡劳动力自谋职业（自主创业）按本政策执行，不再享受《关于进一步加强就业再就业工作的意见实施细则的通知》（顺劳社字〔2009〕42号）第九章第十八条“自谋职业社会保险补贴政策”。

第十条 创业贷款贴息规定如下。

（一）2014年10月1日以后，五彩浅山地区城乡居民在本地区自主创业，在商业银行获得创业贷款的个体工商户、小微型企业，于贷款结清后90日内向注册经营地或户口所在地镇社保所提出贴息申请，并提交相关材料（一式三份），社保所审核合格后上报区人力社保局劳动服务管理中心。享受贴息时间累计最长不超过36个月。在贷款基准利率基础上上浮3个百分点以内的，按照实际贷款利息数额给予全额利息补贴，超出部分不予补贴。

申请创业贷款贴息扶持资金所需材料（所有材料均提供原件及复印件，原件验后退还）。

1. 《五彩浅山地区城乡居民创业贷款贴息申请表》（附件，一式四份）。

2. 个体经营者或企业法定代表人身份证、户口本。

3. 营业执照、税务登记证、组织机构代码证副本。

4. 借款合同（个体工商户以个人名义贷款的，贷款用途必须用于实体经营）。

5. 贷款资金用途的票据。

6. 经办银行盖章的贷款放款凭证、贷款收回凭证。

7. 贷款期间各季度利息清单。

8. 区人力社保局、镇社保所要求提供的其他相关材料。

（二）自主创业人员申请小额担保贷款符合享受贴息政策，按照《关于进一步加强就业再就业工作的意见实施细则的通知》（顺劳社字〔2009〕42号）执行，申请商业贷款符合享受贴息政策，按本政策执行。

第四章　鼓励城乡劳动力提高技能水平

第十一条　五彩浅山地区城乡劳动力参加职业技能培训，由定点培训机构按照《顺义区人民政府关于进一步加强就业再就业工作的意见（试行）》（顺政发〔2009〕40号）、《顺义区劳动和社会保障局 顺义区财政局关于进一步加强就业再就业工作的意见实施细则的通知》（顺劳社字〔2009〕42号）、《顺义区人力社保局 顺义区财政局关于调整职业培训补贴标准的通知》（顺人社字〔2014〕16号）等文件规定申请区级培训补贴，补贴资金由失业保险基金和区财政共同负担，镇财政不再负担。

第五章　鼓励边远地区劳动力跨区域就业

第十二条　五彩浅山地区各镇社保所于下一个季度初10日内向区人力社保局就业促进科提出交通补贴申请，并提供本季度《在机场周边及重点经济功能区就业的劳动力花名册》（机场周边及重点经济功能区特指首都机场、临空经济核心区）、申请期内的《北京市社会保险个人权益记录》（单位职工缴纳信息）及加盖用人单位公章的《岗位证明》。交通补贴全部发放到五彩浅山地区各镇社保所，由社保所发放给城乡劳动力本人。

第十三条　五彩浅山地区申请跨区域就业按本政策执行，原《关于进一步加强就业再就业工作的意见实施细则的通知》（顺劳社字〔2009〕42号）中第十一章“交通补贴”废止。

第六章　鼓励五彩浅山地区银发人员进入产业就业

第十四条　参保人员延长缴纳社会保险费相关手续由用人单位按照《北京市人力社保局关于参保人员延长缴纳社会保险费有关问题的通知》（京人社养发〔2013〕290号）规定执行。

第十五条　五彩浅山地区银发人员由用人单位缴纳社会保险的，用人单位应于履行劳动合同每满半年或1年后的次月90天之内，向顺义人力社保局劳动服务管理中心提出银发人员社会保险补贴申请，同时按第六条提交相应材料及养老保险科备案的延期缴费保险申请复印件。

第十六条　五彩浅山地区银发人员在单位就业，自行缴纳社会保险的，应于履行劳务协议每满半年或1年后的次月90天之内，向户口所在地社保所提交材料，社保所汇总后每季度次月20日前向区人力社保局劳动服务管理中心提出银发人员社会保险补贴申请，同时提交下列材料。

1. 《顺义区银发就业扶持社会保险补贴申请表》。
2. 《北京市社会保险个人权益记录》。
3. 个人缴纳社会保险的发票原件及复印件（原件审核后退回）。
4. 用人单位与五彩浅山地区银发人员签订的劳务协议复印件。
5. 银行出具的含补贴对象申请期内的工资明细表及记账凭证复印件。
6. 区人力社保局要求提交的其他材料。

第七章　附　则

第十七条　申请政策资金的用人单位和补贴对象应对所提交材料的真实性承担法律责任，并按要求配合区人力社保局开展核查工作。

第十八条 享受政策的用人单位和补贴对象以欺诈、伪造证明材料或者其他手段骗取资金的，由区人力社保局取消享受资格，责令退回资金，同时将违法行为信息记入企业及个人信用情况档案，5 年内不得申请该项资金。情节严重的，依法予以处罚；涉嫌犯罪的，移送司法机关。

第十九条 凡工作人员滥用职权、玩忽职守、违规操作、徇私舞弊，造成资金损失的，依法追究行政责任，涉嫌犯罪的，移送司法机关。

第二十条 本办法由区财政局、区人力社保局根据各自职责分工进行解释。

第二十一条 本办法自 2015 年 10 月 1 日起实施。

附件：

五彩浅山地区城乡居民创业贷款贴息申请表

编号：

营业执照名称				成立时间	
注册地址				邮政编码	
注册类型	□个体工商户　　□小微型企业			组织机构代码	
注册号					
注册资本			税务登记证号		
申请人姓名		性别		联系电话	
身份证号					
户籍地址				邮政编码	
家庭住址				邮政编码	
申请人身份	□登记失业人员　□高校毕业生　□复员、转业军人　□农村转移劳动力　□其他				
联系人姓名			联系电话		
经营项目及范围					
在职职工总数________人，其中登记失业人员________人，高校毕业生________人，复员、转业军人________人，农村转移劳动力________人，其他________人。					
贷款银行			贷款金额		
贷款期限	年　月　日至　年　月　日				
贴息银行			账户名称		
银行账号			贴息月数		
贴息金额			大写金额		
本人郑重承诺：提交的所有材料是真实的，复印件与原件一致，并承担因所提交材料虚假而引发的一切法律责任。 单位公章： 申请人签字： 年　月　日					
社会保障事务所意见： 公章： 负责人： 经办人： 年　月　日			区人力社保局意见： 公章： 负责人： 经办人： 年　月　日		
区财政局意见： 公章： 负责人： 经办人： 年　月　日					

注：本表一式四份。

关于印发《顺义区平原造林工程招用城乡劳动力就业扶持办法》的通知

顺人社字〔2016〕3号

各镇人民政府，地区和街道办事处，区政府各委、办、局，各用人单位：

为促进城乡劳动力绿色就业，努力扩大平原造林工程吸纳就业的能力，加快城乡一体化步伐，现将《顺义区平原造林工程招用城乡劳动力就业扶持办法》印发给你们，请遵照执行。

附件：顺义区平原造林工程招用城乡劳动力就业扶持办法

北京市顺义区人力资源和社会保障局

北京市顺义区财政局

北京市顺义区园林绿化局

二〇一六年一月一日

附件：

顺义区平原造林工程招用城乡劳动力就业扶持办法

第一章　总　则

第一条　为促进城乡劳动力绿色就业，努力扩大平原造林工程吸纳本区城乡劳动力就业的能力，加快城乡一体化步伐，依据《北京市顺义区人民政府办公室转发区园林绿化局关于〈顺义区新增森林资源管护实施方案（试行）〉的通知》（顺政办发〔2014〕27号），制定本办法。

第二条　本区实行有利于稳定就业、扩大就业的财政扶持政策，树立“生态发展，绿岗就业”理念，坚持在生态建设中吸纳劳动力就业、在绿色资源管护中促进劳动力就业，不断增加就业岗位的有效供给，努力促进城乡劳动力实现绿色就业。

第三条　本办法旨在通过平原造林工程推动城乡劳动力就业，提升就业质量，推动全区城乡、区域就业均衡发展。把加强生态环境建设与促进劳动力就业增收相结合，积极探索生态发展与绿色就业包容增长，努力挖掘生态产业吸纳就业的能力。

第四条　适用范围如下。

（一）管护单位范围。经行业管理部门和管理主体认定的专业绿化管护单位（以下统称“管护单位”），管护单位名单由区园林绿化局确认，报区人力资源和社会保障局、区财政局备案。

（二）适用人员范围。在管护单位从事管护具体工作的具有顺义区户籍的城乡居民，包括林地日常管护、看护、森林防火、林业有害生物防治、林地卫生保洁等。

第五条　管护单位招用本区户籍城乡劳动力必须在“顺义单位用工管理信息系统”中备案，不做备案登记的不能享受本办法。

第六条　本办法不能与其他区级政策中涉及用人单位招用城乡劳动力岗位补贴、社会保险补贴、工资性补贴以及用人单位招用银发人员社会保险补贴政策同时享受。

第七条　纳入社会公益性就业组织的单位和人员按照《关于印发〈北京市社会公益性就业

组织管理试行办法〉的通知》（京人社就发〔2014〕170 号）和《北京市顺义区人民政府办公室关于印发〈顺义区社会公益性就业组织管理办法（试行）〉的通知》（顺政办发〔2015〕12 号）执行，不适用本办法。

第二章　扶持政策

第八条　管护单位招用城乡劳动力扶持政策如下。

（一）管护单位当年新招用本区城乡劳动力，按月足额发放不低于当年本市职工最低工资标准 1.2 倍的工资，签订 1 年及以上期限劳动合同并按规定缴纳 5 项职工社会保险的，给予最长不超过 5 年的岗位补贴和社会保险补贴。

1. 管护单位招用进行了失业登记或农村劳动力转移就业登记的本区城乡“4050”人员、残疾人员、低保人员、初次进京随军家属、登记失业 1 年以上人员、“零就业家庭”劳动力、“纯农就业家庭”劳动力等就业困难人员以及未实行就业失业管理的绿化隔离建设、资源枯竭、矿山关闭或保护性限制等农村就业困难地区，且进行了转移就业登记的农村劳动力的，按照《北京市人力资源和社会保障局 北京市财政局关于印发〈用人单位岗位补贴和社会保险补贴管理办法〉的通知》（京人社就发〔2012〕308 号，以下简称《通知》）享受岗位补贴和社会保险补贴。

2. 管护单位招用其他登记失业人员，在《通知》规定的社会保险补贴期满后，可再延长享受最长不超过 2 年的社会保险补贴，补贴以本市社会保险最低缴费基数为补贴基数；在享受社会保险补贴期间，按照每人每年 3000 元的标准享受岗位补贴。

3. 管护单位招用进行了转移就业登记的其他农村劳动力，可享受最长不超过 5 年的岗位补贴和社会保险补贴，社会保险补贴以本市社会保险最低缴费基数为补贴基数，岗位补贴标准为每人每年 3000 元。

（二）管护单位当年新招用就业困难人员，与其签订 1 年及以上期限劳动合同，并享受市级社会保险补贴的，按照每人每月上年度北京市最低工资 80% 的标准，给予管护单位工资性补贴，最长补贴 3 年。

（三）管护单位招用城乡劳动力具备市级相关政策扶持条件的，按市级政策执行；不具备市级相关政策扶持条件的，按本办法执行。

（四）劳动合同期限届满，管护单位与补贴对象续签劳动合同且未达到最长补贴期限的，可根据续签劳动合同的期限继续申请享受岗位补贴和社会保险补贴，直至累计达到最长补贴期限。管护单位与补贴对象终止或解除劳动关系后，重新招用的不能申请享受岗位补贴和社会保险补贴。

第九条　管护单位招用银发人员就业扶持政策如下。

管护单位招用达到法定退休年龄但职工社保缴费不足 15 年需延期缴费的户籍人员，按规定缴纳职工社会保险，在岗期间给予社会保险补贴，社会保险补贴标准为每人每年 8000 元，最长补贴至男 65 周岁、女 55 周岁。

第十条　职业技能培训扶持政策如下。

管护单位招用相关人员，应联系定点培训机构组织开展岗前技能培训和岗位技能提升培训。本区户籍从业人员每年可参加一次免费技能培训。

第三章　申请程序

第十一条　城乡劳动力岗位补贴和社会保险补贴申请程序如下。

（一）管护单位当年新招用本区城乡劳动力，在享受《通知》规定岗位补贴和社会保险补贴基础上，可享受本区管护单位招用城乡劳动力岗位补贴和社会保险补贴。

管护单位可按以下条件申请享受补贴。

1. 管护单位应于履行劳动合同满半年或1年后的次月90天之内，向区人力资源和社会保障局劳动服务管理中心首次提出岗位补贴和社会保险补贴申请，同时提交下列材料（均为一式三份）。

（1）企业法人营业执照、事业单位法人证书、民办非企业单位登记证书、个体工商户营业执照、社会团体法人登记证书等用人单位法定证明材料副本复印件，以及中华人民共和国组织机构代码证副本复印件。

改制村集体企业应同时提交有关部门出具的改制证明复印件。

（2）社会保险登记证及复印件（原件审核后退回）。

（3）《用人单位享受岗位补贴和社会保险补贴申请表》《用人单位（非劳务派遣企业）岗位补贴和社会保险补贴首次申请人员花名册》。

（4）经街道（乡镇）社会保障事务所盖章的《用人单位招用人员就业登记表》或《北京市农村劳动力转移就业登记表》复印件。

（5）银行出具的含补贴对象申请期内的工资明细表及记账凭证复印件。

（6）低保人员、初次进京随军家属等补贴对象应提交相关证明材料。

（7）区人力资源和社会保障局要求提交的其他材料。

管护单位提交申请材料涉及复印件的，应加盖单位公章并标注“与原件一致”。

2. 管护单位再次申请市、区人力资源和社会保障局批准的享受期内的岗位补贴和社会保险补贴时，应提交下列材料（均为一式三份）。

（1）《用人单位享受岗位补贴和社会保险补贴申请表》《用人单位（非劳务派遣企业）享受岗位补贴和社会保险补贴人员花名册》。

（2）银行出具的含补贴对象申请期内的工资明细表及记账凭证复印件。

（3）补贴对象劳动合同届满，用人单位与其续签劳动合同且享受期未达到岗位补贴和社会保险补贴最长期限的，用人单位申请补贴时，还应提交含续签内容的劳动合同书原件。

（4）区人力资源和社会保障局要求提交的其他材料。

管护单位提交申请材料涉及复印件的，应加盖单位公章并标注“与原件一致”。

第十二条 城乡就业困难人员工资性补贴申请程序如下。

管护单位招用享受市级社会保险补贴政策的城乡就业困难人员可以享受工资性补贴。工资性补贴采取“市级先补，区级后补”的方法。管护单位招用城乡就业困难人员享受市级社会保险补贴后，可以到区人力资源和社会保障局劳动服务管理中心提出享受工资性补贴的申请，同时提交下列材料。

（一）《用人单位招用城乡就业困难人员工资性补贴审批表》（一式三份）。

（二）《用人单位招用城乡就业困难人员工资性补贴花名册》。

（三）区人力资源和社会保障局要求提供的其他材料。

第十三条 银发人员社会保险补贴申请程序如下。

（一）参保人员延长缴纳社会保险费相关手续由管护单位按照《北京市人力社保局关于参保人员延长缴纳社会保险费有关问题的通知》（京人社养发〔2013〕290号）规定执行。

（二）银发人员由管护单位缴纳社会保险的，管护单位应于履行劳动合同每满半年或1年后的次月90天之内，向区人力资源和社会保障局劳动服务管理中心提出银发人员社会保险补贴申请，同时按第十一条提交相应材料及养老保险科备案的延期缴费保险申请复印件。

（三）银发人员在管护单位就业，自行缴纳社会保险的，应于履行劳务协议每满半年或1年后的次月90天之内，向户口所在地社保所提交材料，社保所汇总后每季度次月20日前向区人力资源和社会保障局劳动服务管理中心提出银发人员社会保险补贴申请，同时提交下列材料。

1.《顺义区银发就业扶持社会保险补贴申请表》。

2.《北京市社会保险个人权益记录》。

3. 个人缴纳社会保险的发票原件及复印件（原件审核后退回）。

4. 管护单位与银发人员签订的劳务协议复印件。

5. 银行出具的含补贴对象申请期内的工资明细表及记账凭证复印件。

6. 区人力资源和社会保障局要求提交的其他材料。

第十四条 城乡劳动力职业技能培训补贴申请程序如下。

管护单位招用的本区户籍劳动力参加免费技能培训，由定点培训机构按照《顺义区人民政府关于进一步加强就业再就业工作的意见（试行）》（顺政发〔2009〕40号）、《顺义区劳动和社会保障局 顺义区财政局关于进一步加强就业再就业工作的意见实施细则的通知》（顺劳社字〔2009〕42号）、《顺义区人力资源和社会保障局 顺义区财政局关于调整职业培训补贴标准的通知》（顺人社字〔2014〕16号）等文件规定申请培训补贴；管护单位招用的银发人员参加免费技能培训，由定点培训机构参照以上文件规定申请培训补贴。上述申请由区人力资源和社会保障局职业能力建设科负责审批。

第四章 附 则

第十五条 申请政策资金的管护单位和补贴对象应对所提交材料的真实性承担法律责任，并按要求配合区人力资源和社会保障局开展核查工作。

第十六条 享受政策的管护单位和补贴对象以欺诈、伪造证明材料或者其他手段骗取资金的，由区人力资源和社会保障局取消其享受资格，责令退回财政补贴资金，同时将违法行为信息记入企业及个人信用情况档案，5年内不得申请该项资金。情节严重的，依法予以处罚；涉嫌犯罪的移送司法机关。

第十七条 凡工作人员滥用职权、玩忽职守、违规操作、徇私舞弊，造成资金损失的，依法追究行政责任，涉嫌犯罪的移送司法机关。

第十八条 本办法由区人力资源和社会保障局、区财政局、区园林绿化局根据各自职责分工进行解释。

第十九条 本办法自2016年1月1日起实施。

北京市妇女创业小额担保贷款实施暂行办法

第一章　总　则

第一条　为进一步完善再就业小额担保贷款工作，保障妇女发展权利，推动妇女创业就业工作。根据《关于完善小额担保贷款财政贴息政策推动妇女创业就业工作的通知》（财金〔2009〕72号）和《北京市小额担保贷款担保基金管理实施办法》（京财经一〔2009〕1011号）的有关精神，结合北京市具体情况，特制定本办法。

第二条　本办法所称担保机构、经办银行是指与市财政局、市人力资源和社会保障局或区县财政局、区县人力资源和社会保障局签约，并承担本市小额担保贷款业务的担保机构和商业银行。

第二章　贷款担保对象、额度、期限

第三条　本办法所指妇女小额担保贷款借款人一是指符合条件的妇女自谋职业依法开办的个体工商户；二是指符合条件的妇女人员自主、合伙创办且任法定代表人或合伙事务执行人的小企业（房地产、娱乐、广告、桑拿、按摩、网吧、氧吧除外）。

符合条件的妇女是指具有本市户口，在法定劳动年龄内持有再就业优惠证的妇女人员、持有毕业证书且尚未就业的女性大学毕业生、持有自谋职业证明尚未就业的女性复员（转业）军人、农村妇女。

第四条　对符合条件的妇女个体工商户借款人，申请小额担保贷款，提供的小额担保贷款担保额度不超过8万元。已经享受过小额担保贷款政策，且按时偿还贷款本息，无不良记录的妇女个体工商户再次申请小额担保贷款，提供小额担保贷款的担保额度可提高到不超过10万元。

符合条件的妇女自主、合伙创办的小企业提供的担保额度一般为20万元，或根据企业合伙人和现有职工中本市失业人员和农村妇女总人数按人均不超过10万元提供小额担保贷款担保，最高不超过50万元。

担保机构或经办银行可根据借款人实际情况合理确定担保及贷款额度。

本办法所称本市失业人员，是指具有本市户口，在法定劳动年龄内持有再就业优惠证人员、持有毕业证书且尚未就业的大学毕业生、持有自谋职业证明尚未就业的复员（转业）军人、办理了转移就业登记并取得相关证明的农村劳动力。

第五条　小额担保贷款担保期限不超过2年，到期确需延长的，可展期1次，展期期限不超过1年。

第三章　担保基金设立、管理、风险控制

第六条　妇女创业小额担保贷款实行“统一管理、总额控制、分级审批、区别对待”的原则，即将其纳入市再就业小额担保贷款业务中，实行统一管理，从市小额贷款担保基金中划定1000万元资金额度（以下称“妇女创业专项担保基金”），专项用于妇女开办的个体工商户和自主、合伙创办的小企业的小额担保贷款业务。妇女创业专项担保基金的担保责任余额不超过妇女

创业专项担保基金余额的5倍。之后若达到上限，可另行商议扩大规模。

第七条 借助妇联贴近基层、贴近妇女、贴近家庭的优势及推动妇女创业的职能，在妇女创业专项担保基金的担保责任余额范围内，项目受理、审查和批准及在保项目监控、代偿追偿均由基层妇联组织负责；担保机构和经办银行原则上负责资料合规性审查、办理担保和放款手续，提供担保和放款；财政部门、人力资源和社会保障部门、市妇联负责上述工作的指导和协调。

项目前期运作，担保机构和经办银行共同负责对基层妇联组织的业务培训和辅导，至其可独立审核。

第八条 市级担保机构应每月对在保余额进行总额管理，当在保余额接近专项担保基金余额放大5倍的额度时，应及时告知相关担保机构和银行，并就额度是否做出调整向市财政局、市人力资源和社会保障局提出申请。

第九条 在妇女创业专项担保基金的担保责任余额范围内，各区县妇女小额担保贷款实行分区县的风险总额控制，当某一区县担保逾期代偿率达到或超过20%时，则该区县的担保贷款业务暂停，应当集中进行催收，至低于上述比例后经向市级签约担保机构申请批准，可重新恢复。

区县担保逾期代偿率＝［（一个区县的累计逾期、展期、借新还旧项目余额＋该区县累计的代偿项目余额）/该区县累计解除担保责任金额］×100%。

第十条 每月结束后5个工作日内，市妇联将上月各区县的项目受理审批、发放、在保、解除、代偿追偿及项目明细等情况汇总制表，经办银行将上月放款及还款情况一并报市级签约担保机构。市级签约担保机构将上述分别进行核对及与自行办理的小额贷款担保项目汇总后报市财政部门、人力资源和社会保障部门。

第四章 担保贷款程序

第十一条 申请人为妇女个体工商户的贷款程序如下。

（一）申请

可向户籍所在地的基层妇联组织提出担保贷款申请，并提交以下材料（一式四份，基层妇联、社保所、担保机构、经办银行各一份）。

1. 北京市妇女自主创业小额担保贷款申请、核准书。
2. 申请人身份证件原件及复印件。如居民身份证、户口簿等。
3. 申请人资质证明原件及复印件。即再就业优惠证、大学毕业证、复员（转业）军人自谋职业证明或农村劳动力转移就业登记证明其中一种。
4. 个体工商户营业执照、税务登记证副本、特殊行业的生产经营许可证原件及复印件。
5. 申请人经营场地使用证明。
6. 申请人已用于经营投入资金不低于担保贷款本金30%的证明材料。
7. 反担保措施资料。
8. 基层妇联、担保机构、经办银行需要的其他资料。

上述原件经基层妇联组织审查后退还给申请人，复印件应由申请人逐页签字。其中农村妇女申请小额担保贷款可不提供上述第3项材料。

（二）审核和批准

基层妇联组织在总额度之内，受理妇女小额担保贷款申请。在申请材料齐备后5个工作日内，按照担保机构的要求对申请人的继往信用情况、贷款需求、项目可行性、还款能力、经营能力及反担保措施等进行初审，按照审慎原则出具担保贷款审核意见并加盖单位公章，连同申请材料报送至社保所，社保所接到齐备的材料后，在3个工作日内对申请人的资质是否符合政策规定出具审核意见并加盖单位公章，审核意见转基层妇联组织，基层妇联组织将申请材料、审核意见一并报送区县签约担保机构和经办银行。

（三）担保和放款

区县签约担保机构和经办银行在收到材料和基层妇联、社保所的核准意见后，对项目进行资料的合规性审查，担保机构即出具《同意担保意向书》，经办银行则据此审批贷款，出具《同意贷款通知书》。担保机构、申请人、经办银行签订相关借款合同、保证合同、委托保证合同及反担保合同等，基层妇联组织受托办理（担保机构协助办理）反担保公证，经办银行办理放款手续后放款。

第十二条 妇女合伙经营、组织起来就业创办小企业且妇女任法人或合伙事务执行人的担保贷款程序如下。

（一）申请

可向注册登记地区县妇联组织提出担保贷款申请，填写北京市妇女小额担保贷款申请、核准书，并提供下列文件材料（复印件需加盖企业公章）一式四份（区县妇联、区县人力社保部门、担保机构、经办银行各一份）。

1. 北京市妇女小额担保贷款申请、核准书。
2. 营业执照副本、企业组织机构代码证、税务登记证副本原件及复印件。
3. 特殊行业生产经营许可证复印件。
4. 创办人、合伙人或股东的身份证件原件及复印件，如居民身份证、户口簿等。
5. 创办人、合伙人或股东的资质证明原件及复印件，即再就业优惠证、大学毕业证、复员（转业）军人自谋职业证明、农村劳动力转移就业登记证明原件及复印件其中之一。
6. 验资报告原件及复印件（包括注册验资及历次的增资）。
7. 经营场所权属证明复印件。
8. 企业章程或合伙协议书复印件。
9. 贷款卡复印件和密码及贷款卡查询结果和企业出资人的个人信用报告。
10. 企业基本情况介绍。
11. 项目可行性报告（新设企业或固定资产投资或技术改造项目提供）。
12. 法定代表人资格证明、身份证、个人简历，授权代理人的授权书及代理人身份证原件及复印件。
13. 决定申请担保贷款的股东会议或合伙人会议决议书。
14. 近两年及当期财务报表。
15. 自有资金不低于贷款额度30%的证明。
16. 产品购销合同。
17. 近一年银行对账单。
18. 拟提供反担保措施的相关文件。
19. 区县妇联及担保公司、经办银行需要的其他资料。

（申请最高50万元小额担保贷款还必须提供以下资料。）

20. 企业现有职工中本市失业人员的身份证明原件及复印件。

21. 企业招用本市失业人员签订的劳动合同。

22. 企业为职工缴纳社会保险记录。

23. 企业工资支付凭证（工资表）及复印件。

上述原件经区县妇联审查后退还给申请人，其中农村妇女合伙经营、组织起来就业创办小企业申请小额担保贷款可不提供上述第5项材料。

（二）审核和批准

区县妇联在总额度之内，受理符合上述条件的妇女创办小企业担保贷款申请。在申请材料齐备后5个工作日内按照担保机构的要求对申请人的继往信用情况、项目可行性、持续经营能力、贷款用途、还款能力及反担保措施等进行审核，按照担保机构的格式文本撰写项目审核报告，按照审慎原则出具担保贷款审核意见并加盖单位公章后连同申请材料报送区县人力社保部门，区县人力社保部门在材料齐备后3个工作日内对申请人及招用失业人员的资质是否符合政策规定，是否与招用人员按照要求签订劳动合同及缴纳社会保险出具审核意见并加盖单位公章，审核意见转区县妇联组织，区县妇联组织将申请材料、审核意见一并报送市级签约担保机构和经办银行。

（三）担保和放款

市级签约担保机构和经办银行在收到材料和市、区县妇联及区县人力社保部门的核准意见后，对项目进行资料的合规性审查，担保机构即出具《同意担保意向书》，经办银行则据此审批贷款，出具《同意贷款通知书》。担保机构、申请人、经办银行签订相关借款合同、保证合同、委托保证合同及反担保合同等，区县妇联受托办理（担保机构协助办理）反担保抵（质）押登记及公证手续，经办银行办理放款手续后放款。

第十三条 符合本办法的妇女小额担保借款人也可向户籍所在地社保所和注册登记地区县人力社保部门提交贷款申请。社保所和区县人力社保部门受理的妇女小额担保贷款申请，按照《北京市小额担保贷款担保基金管理实施办法》进行审核，贷款担保对象、额度、申请人提交申请材料可参照本办法执行。

第五章 反担保措施

第十四条 借款人应根据《担保法》的规定提供必要的反担保措施，包括保证金、抵押、质押、保证等。担保机构在签订反担保合同时，应依法办理公证手续（自主、合伙创办小企业还需办理抵、质押登记手续），区县妇联、基层妇联组织受托办理（担保机构协助办理）反担保公证。

第十五条 借款人为个体工商户的反担保风险控制金额一般不超过实际贷款额的20%。借款人为自主、合伙创办小企业的，反担保风险控制金额一般不超过实际贷款额的30%。

第十六条 被保证人可根据担保金额大小及风险程度等实际情况，选择其中一种或几种反担保措施。

（一）被保证人可以采取保证金方式提供反担保。保证金的管理由担保机构负责，主要用于被保证人不能按照合同或约定履行义务时的支付，如保证金支付后尚有余额，在保证期满后由担保机构退还被保证人。

（二）被保证人（或第三人）以其合法财产提供抵押（质押）反担保。抵押（质押）物的范围与条件是能够依法转让并可变现的财产及其他可以依法流通或转让的权利。财产抵押（质押）物的条件应符合《担保法》的有关规定。

（三）其他法人或自然人为被保证人提供信用反担保。信用反担保的条件应符合《担保法》的有关规定。

第六章　在保项目的监督和管理

第十七条　借款人（被保证人）及反担保人应严格按照《委托保证合同》《借款合同》的约定履行义务。要按规定用途使用贷款，按季度向基层或区县妇联、经办银行报送财务报表及项目进展情况等资料并保证其真实性，提前落实还款资金，接受上述部门对其资金使用情况、生产经营、财务活动的监督检查。借款人（被保证人）或反担保人情况发生变化（如企业发生分立、合并、财产及法定代表人变更等；自然人发生户籍、住址、联系电话、婚姻状况变更及财务状况变化等）时，应提前或于变更发生之日起3日内通知基层或区县妇联、担保机构和经办银行，并主动配合有关单位及时办理相关手续。

第十八条　基层或区县妇联在接到银行放款的通知后，受托对在保项目按规定实施在保监控。要求在放款后1个月内对贷款资金的实际用途进行检查，每3个月一次对在保项目进行经营及财务状况、反担保情况的检查，贷款到期前3个月、1个月、10天提前向借款人核实还款资金来源。要求基层或区县妇联在进行上述检查时应有书面记录。在在保项目监控中，基层或区县妇联若发现问题应及时通知担保机构、经办银行和人力社保部门，督促借款人按约履行义务。

第十九条　人力社保部门要了解妇联组织、担保机构、经办银行对在保项目的监控情况，发现问题及时反馈给相关部门。

第二十条　担保机构应指导基层或区县妇联落实在保项目监控职责。同时应对在保项目进行不定期抽查，如发现资金损失或担保风险加大，应及时采取措施防范和化解风险，并通报基层或区县妇联、经办银行和人力社保部门，共同控制风险。

第二十一条　经办银行应加强借款人在本机构结算账户的管理，出现借款人透支和不能按期支付利息等情况，及时通知基层或区县妇联和担保机构，共同维护贷款和担保基金的利益。不定期与借款人联系，对有证据证明借款人有可能或已经恶意损失贷款的，应停止支付尚未使用的贷款，并提前收回部分或全部贷款，同时通知基层或区县妇联、人力社保部门和担保机构，最大限度使贷款免受或减少损失。

第七章　小额担保贷款的还款或代偿与追偿

第二十二条　贷款到期后，若项目按期还款，担保机构解除担保责任。经办银行应及时将借款人还本凭证传真至基层或区县妇联、人力社保部门和担保机构。

第二十三条　若到期借款人无法归还贷款，如果借款人基本面未发生重大变化，只是暂时资金周转出现困难，经办银行应本着扶持企业的宗旨，与基层或区县妇联和担保机构协商予以展期。

第二十四条　借款人未能到期归还贷款且不能办理展期的，经办银行应及时向借款人发出逾期贷款催收通知。对从事个体经营的借款人，由经办银行通知基层妇联和区县签约担保机构，担保机构协助受托基层妇联和经办银行履行追索责任；对自主、合伙创办小企业的借款人，由经办银行通知区县妇联和市妇联、市级签约担保机构，由担保机构协助受托区县妇联和市妇联与经办银行一并履行追索责任。追索期为自贷款期限届满或银行宣布贷款提前到期之日起15个工作日止。

第二十五条　追索期结束后，借款人仍未偿付贷款本金的，担保机构应在收到《代偿通知书》后5个工作日内向经办银行办理代偿资金拨付手续。代偿内容限于尚未清偿的贷款本金。

（一）对从事个体经营的，由经办银行向区县签约担保机构出具《代偿通知书》并提供相关证明文件，同时告知基层妇联和社保所。担保机构在收到《代偿通知书》后，应与基层妇联进行沟通，并在上述规定时间内从区县担保基金中暂时垫付代偿款。

区县签约担保机构应在年度终了后3个月内向市级签约担保机构提出划拨垫付代偿款申请，同时提供上年度担保垫付代偿的有关法律文件，包括《代偿通知书》、代偿资金凭据、基层妇联出具并加盖单位公章的担保贷款核准意见、追偿债权资金情况（含历年追偿债权资金情况）等。

市级签约担保机构对上述材料审查核对，确定应划拨的垫付代偿款数额后，办理资金拨付手续，从妇女创业专项担保基金中列支。

（二）对自主、合伙创办小企业的，由经办银行向市级签约担保机构出具《代偿通知书》并提供相关证明文件，同时告知区县及市妇联和区县人力社保部门。担保机构在收到《代偿通知书》后，应与区县及市妇联进行沟通，并在上述规定时间内从妇女创业专项担保基金中垫支。

第二十六条 担保机构在支付代偿款取得代位求偿权后，应督促并协同基层或区县及市妇联积极制定追偿措施并实施追偿，经办银行应予以配合。追偿措施包括以下几项。

（一）督促借款人制订还款计划，尽快收回代偿款。

（二）依法处置贷款抵押（质押）物。

（三）依法提起诉讼或申请强制执行。

第二十七条 区县签约担保机构追偿收回的资金，作为以后年度市级签约担保机构在从妇女创业专项担保基金中拨付区县签约担保机构垫付代偿款的资金来源，单独记账管理。市级签约担保机构追偿收回的资金，并入妇女创业专项担保基金本金。追偿债权所得抵债资产，应限定于国家政策允许流通和可变现的范围，其处置按财政部的有关规定执行。

第八章　附　则

第二十八条 小额担保贷款利率按照中国人民银行的有关规定执行，即小额担保贷款经办金融机构对个人新发放的小额担保贷款，其贷款利率可在中国人民银行公布的贷款基准利率的基础上最高上浮3个百分点。市财政局对符合贴息条件的妇女借款人贴息，有关妇女创业小额担保贷款贴息政策按相关文件规定执行。

第二十九条 本办法适用于妇女创办个体工商户及合伙经营、组织起来就业创办小企业且妇女任法人或合伙事务执行人的，劳动密集型企业吸纳妇女就业申请再就业小额担保贷款按《北京市小额担保贷款担保基金管理实施办法》执行，不在此办法规定之内。

再次申请上述小额担保贷款的，在提供申请资料时，为简化手续，只需提供上次申请资料中已变更的资料。

第三十条 本办法由北京市财政局、北京市人力资源和社会保障局、中国人民银行营业管理部、北京市妇女联合会负责解释。本办法自发布之后30日后实施。

附件1：

________________区/县
编号：________________

北京市妇女创办企业小额担保贷款申请、核准书

申请企业（盖章）：________________

申请日期：______年______月______日

区县妇联（盖章）：________________

受理日期：______年______月______日

区县人力社保部门（盖章）：________________

审核日期：______年______月______日

申请人基本情况

企业名称				从事行业	
法定代表人/合伙事务执行人		性别		联系电话	
身份证号		持有证件或证书	□再就业优惠证 □大学毕业证 □退伍(转业证明) □北京市农村劳动力转移就业证 是否农村妇女:□是 □否		
注册地址				工商登记号	
经营地址				邮政编码	
注册资本		成立时间	年 月 日	国税登记号	
企业性质	□有限责任公司 □合伙企业 □其他			地税登记号	
行业经营许可证		有效期	年 月 日至 年 月 日		
开户银行		账号			
经营范围:					
主要产品:					

出资人/合伙人	年龄	出资金额	出资比例	持有证件或证书	编号
				□再就业优惠证 □大学毕业证 □退伍(转业证明) □北京市农村劳动力转移就业证 是否农村妇女:□是 □否	
				□再就业优惠证 □大学毕业证 □退伍(转业证明) □北京市农村劳动力转移就业证 是否农村妇女:□ 是 □ 否	
				□再就业优惠证 □《大学毕业证》□ 退伍(转业证明) □北京市农村劳动力转移就业证 是否农村妇女:□ 是 □ 否	

总经理		身份证号		联系电话	
财务主管		身份证号		联系电话	
企业职工总数		其中持有再就业优惠证、大学毕业证、退伍(转业证明)、北京市农村劳动力转移就业证人数	人,占总数 %		
		其中农村妇女人数	人,占总数 %		
企业享受的优惠政策:					

近两年和当期主要经营与财务指标

单位：万元

主要指标	年	年	年　　月
资产总额			
1. 流动资产			
货币资金			
存货			
应收款			
预付账款			
2. 固定资产			
3. 长期投资			
负债总额			
流动负债			
短期负债			
应付账款			
其他应付款			
净资产			
实收资本			
未分配利润			
销售收入			
利润总额			
资产负债率$\left(\frac{\text{负债总额}}{\text{资产总额}}\times 100\%\right)$			
流动比率$\left(\frac{\text{流动资产}}{\text{流动负债}}\right)$			
速动比率$\left(\frac{\text{货币资金}+\text{应收款}}{\text{流动负债}}\right)$			
应收账款周转次数$\left(\frac{\text{销售收入}}{\text{应收账款}}\right)$			
存货周转次数$\left(\frac{\text{销售成本}}{\text{存货}}\right)$			
主要财务指标增减原因：			

以往借款情况

单位：万元

借款金额	期限	债权人	利率	到期日	担保方式	已还金额	余额

以往对外担保情况

单位:万元

被担保单位	担保方式	担保金额	期限	到期日	已还金额	余额

供应商及销售渠道情况

单位:万元

供应商	开始合作时间	年业务量	结算方式	备注
销售商/客户				

目前对外投资情况

单位：万元

投资项目内容	投资金额	投资期限	投资方式	上年投资收益	当年收益预测

拥有动产、不动产情况

单位：万元

种类	所在地	产权人	规格	购买价	有无抵押

申请担保贷款项目情况

资金总需求		自有资金	
申请担保贷款金额/万元			
申请担保贷款期限			
拟贷款银行			
担保贷款资金用途：			
还款资金来源：			
还款计划：			
反担保措施：			

自主、合伙创办的小企业需提供的资料清单：

1. 营业执照副本、组织机构代码证、税务登记证副本原件及复印件。

2. 特殊行业生产经营许可证复印件。

3. 创办人、合伙人或股东的身份证件原件及复印件，如居民身份证、户口簿等。

4. 创办人、合伙人或股东的资质证明原件及复印件，即再就业优惠证、大学毕业证、退伍（转业证明）、农村劳动力转移就业证原件及复印件其中之一。

5. 验资报告原件及复印件（包括注册验资及历次的增资）。

6. 经营场所权属证明复印件。

7. 企业章程或合伙协议书复印件。

8. 贷款卡复印件和密码及贷款卡查询结果和企业出资人的个人信用报告。

9. 企业基本情况介绍。

10. 项目可行性报告（新设企业或固定资产投资或技术改造项目提供）。

11. 法定代表人资格证明、身份证、个人简历，授权代理人的授权书及代理人身份证原件及复印件。

12. 决定申请担保贷款的股东会议或合伙人会议决议书。

13. 近两年及当期财务报表。

14. 自有资金不低于贷款额度 30% 的证明。

15. 产品购销合同。

16. 近一年银行对账单。

17. 拟提供反担保措施的相关文件。

18. 区县妇联及担保公司、经办银行需要的其他资料。

（申请最高 50 万元小额担保贷款还必须提供以下资料。）

19. 企业现有职工中本市失业人员的身份证明原件及复印件。

20. 企业招用本市失业人员签订的劳动合同。

21. 企业为职工缴纳社会保险记录。

22. 企业工资支付凭证（工资表）及复印件。

我单位保证提供的上述资料真实无误，如有不实，我单位承担由此引起的一切责任。

法定代表人（签字）：　　　　　　　　申请单位公章：

年　　月　　日

注：本申请书及所附提交资料一式四份，均加盖公章。

担保贷款审核情况

一、担保贷款申请审核工作完成情况

工作内容	是否实施
与企业法人代表或合伙事务执行人及主要管理者进行担保会谈	□是　　□否
实地考察企业办公及生产经营场所	□是　　□否
对企业提供的财务资料中的重要数据进行账账核对、账证核对、账表核对	□是　　□否
核对企业重要证照、合同、文件原件	□是　　□否
走访第三方信用保证单位并核查相关资料	□是　　□否
现场勘察反担保资产	□是　　□否
实地考察提供个人连带保证的个人居住地	□是　　□否

二、审核结果

企业经营范围、主要产品、生产规模及效益审核评价：
企业在行业中的评定：

续表

经创业培训机构就业培训及创业辅导合格人员情况：
企业及法定代表人以往信用情况评价：
担保贷款资金用途评价：
还款计划可行性分析：
反担保措施评价：

三、推荐和审核意见

1. 对申请人及申请项目的整体评价： （主要从企业类型、申请人继往信用情况、贷款需求、项目可行性、经营能力、经营范围等情况是否符合担保贷款条件，申请资料是否有效以及是否具备自有资金和还款来源、反担保措施等方面阐述） 2. 根据上述整体评价出具推荐单位意见： （主要说明拟推荐的担保贷款的金额和期限等） 区县妇联项目审查人：　　　　联系电话： 区县妇联负责人：　　　　单位（公章） 年　　月　　日
区县人力资源和社会保障局审核意见： （主要审核申请人及招用失业人员资质是否符合政策、是否与招用人员按照要求签订劳动合同及缴纳社会保险） 区县人力社保部门审查人：　　　　联系电话： 区县人力社保部门负责人：　　　　单位（公章） 年　　月　　日

附件2：

__________区/县__________街道/乡镇

编号：______________________________

北京市妇女自主创业小额担保贷款申请、核准书

申请人：______________________________

申请日期：　　　　年　　月　　日

一、贷款申请表

借款人姓名			申请金额	人民币　元	贷款期限	月	
贷款用途							
基本信息	身份证号码		农村妇女	□是　□否	出生日期	年　月　日	
			再就业优惠证编号				
			毕业证书编号				
			退伍（转业）证明编号				
			转移就业登记编号				
	最高学历	□博士　□硕士　□本科　□大专　□中专及以下		婚姻状况	□已婚　□未婚	子女人数	
	户籍地址				邮政编码		
	现居住地址	□同户籍地　□另列于右			邮政编码		
	住宅权属	□自有　□租赁　□其他	住宅电话		移动电话		电子信箱
	通讯地址	□同户籍地　□另列于右　□同现居住地			邮政编码		
项目主营业务（参考营业执照经营范围）							
经营情况	实体名称				营业执照注册号		
	营业场所地址			邮政编码		电话	
	经营范围		总投入资金	人民币　万元	本人年收入	人民币　万元	
申请时附送文件：①居民身份证、户口簿原件及复印件；②再就业优惠证、大学毕业证或退伍（转业）证明或农村劳动力转移就业登记证明原件及复印件；③个体经营营业执照、税务登记证原件及复印件；④经营场地权属证明；⑤自有资金证明。附送文件材料一式四份。							

续表

声明事项： 一、借款人声明，本申请书所填各项及所附文件资料均属事实，并同意贵单位向有关部门、个人查证核实。 二、本人同意贵单位在法律许可范围内，将本人资料透露给其他部门或有关机构，以收集进一步资料。 三、借款人所附申请文件，无论本贷款申请核准与否，本人同意由贵单位处理，无须退还本人。 四、借款人知悉贵单位保有本贷款申请核准与否的权利。	借款人签章： 经办人签章： 年　　月　　日

二、项目可行性分析报告

主要客户来源				
资金筹措及使用方案	筹资形式	筹资金额/万元		资金用途
	自有资金			
	私人拆借			
	申请小额担保贷款			
经济效益估算		每月	第一年	第二年
	营业收入			
	成本			
	利润			
	偿还贷款金额			
项目营销及产品推广计划				
其他事项说明				

三、贷款申请核准情况

贷款申请审核人员意见	一、借款人资格： 二、借款人信用情况： 三、项目可行性： 四、经营能力： 五、反担保措施： 审核人签字： 年　月　日
基层妇联组织意见	单位盖章： 年　月　日
街道或乡镇社保所意见	单位盖章： 年　月　日

本表一式四份，妇联、社保所、担保机构和经办银行各一份。